カヌースポーツ基礎
CANOE SPORTS BASIC

環境教育としてのカヌー
CANOEING, Stream from Outdoor Education

日本レクリエーショナルカヌー協会　編
Japan Recreational Canoe Association

海文堂

引退後、係留保存されている初代日本丸とシーカヤック。（横浜市）

序　文

公益社団法人　日本カヌー連盟
Japan Canoe Federation（JCF）

会長　成田 昌憲
President　Shouken Narita

　公益社団法人日本カヌー連盟（以下 JCF）は、我が国におけるカヌースポーツを代表し統轄する団体で、アジアでは最も古い歴史を有しており、アジア大会においては陸上、水泳に次ぐ大きな種目数を有しています。我が国においてはオリンピックや世界選手権大会等競技カヌーの強化伸展はもちろん、アジア各国と連携しさらにカヌースポーツを展開することによる国際貢献や、国内においても自然の素晴らしさを伝え水圏の環境保全推進の理念のもと生涯スポーツとして誰もが享受できるカヌー（パドリング）スポーツの普及活動を推進しております。また加盟団体である日本レクリエーショナルカヌー協会（以下 JRCA）と共に、安全なカヌースポーツを普及すべく、JRCA へ『JCF 公認インストラクター』の育成事業を委託し啓蒙活動を進めています。

　本書は JRCA と JCF の主たる目的達成のため、一定の指導レベル修得に必要となる知識や技術を解り易く解説しており、公認指導員育成専門の教科書として監修したものであります。

日本レクリエーショナルカヌー協会
Japan Recreational Canoe Association（JRCA）

会長　辰野 勇
President　Isamu Tatsuno

　カヌースポーツが、わが国に紹介されてすでに久しい時が過ぎています。夏季のオリンピックや国民体育大会で競われる競技カヌーの分野におけるわが国の技術レベルは、いまや世界の強豪と肩を並べるまでに成長しています。

　一方、カヌーは競技をしない一般の人々が、余暇を楽しむアウトドアスポーツの手段としても、欠くことのできない存在となり、川や海、湖など、カヌーを楽しむ方法は多様です。

　その目的や楽しみ方は違っても、カヌーを手段として広がるアウトドア活動の領域にある様々な可能性は計り知れません。

　日本リクリエーショナルカヌー協会は、安全で楽しいカヌースポーツの普及をはかるため、公認の指導員による技術の伝達や安全に対する意識の啓発活動を行っています。

清らかな水に浮かぶレクリエーショナルカヤック。まるで空中に浮かんでいるかのよう。

自然のままの川筋を往く。水面からの視点が、日本の環境を教えてくれる。

日本レクリエーショナルカヌー協会

　日本レクリエーショナルカヌー協会（Japan Recreational Canoe Association、以下JRCA）は、日本における安全で楽しいカヌースポーツの普及を図り、そのための社会的な環境を構築することを目的にした組織です。

　国内のカヌー競技を統括している公益社団法人の日本カヌー連盟（Japan Canoe Federation、以下JCF）の傘下にJRCAは組織されています。JCFは、文部科学省の所管であり、公益財団法人の日本スポーツ協会（Japan Sport Association、JSPO）に加盟する中央競技団体でもあります。

　JCFから委託を受け、「日本カヌー連盟地域カヌー公認指導員」（以下JCFカヌー公認指導員もしくは公認指導員などと表現）を養成する事業を遂行し、日本国内におけるカヌースポーツの普及活動を行うのがJRCAです。

　レクリエーショナルとは、「レクリエーションの」「娯楽の」「休養の」といった意味です。JRCAで考えるレクリエーショナルカヌーとは、基本的には競技目的ではなく、学校教育や生涯教育などの教育活動、また趣味としての楽しみを目的にするカヌースポーツを対象にしています。

　娯楽的なカヌースポーツの普及に留まらず、太古から継承されているカヌーの伝統文化をre-creation（再現）するといった意味合いも含み、近代以前のカヌー文化の再現やカヌーの文化復興（ルネッサンス）といった活動についても、レクリエーショナルカヌーの対象範囲として考え、取り組んでいます。

《JRCAが行う事業について》

　JRCAが標榜する事業項目と事業内容は、以下の通りです。

　１：公認カヌースクールとカヌー公認指導員の育成
　　　一定の技術安全基準を満たした組織に対する公認カヌースクールの認定を行います。カヌー公認指導員に対し、適切な技術指導の育成およびその認定を行います。

　２：危機管理と自己責任
　　　河川や海洋でカヌーを楽しむ際、不測の事態に対する危機管理や、万一の事故に対する自ら負うべき責任を認識する事が求められます。カヌー体験を通じて、知恵や判断力など、自然の中に生かされる人間が本来求められる、生きる力を育みます。

　３：自然環境保全への啓発
　　　河川や海洋に身を置き、自然を理解し、環境を保全することへの意識を啓発します。

　また、2018年現在、JRCAは公認カヌースクールおよび指導員の育成やJCFからの委託による資格認定事業以外に、ラフト（手漕ぎのゴムボート）による川下りの事業者のための資格認定および事業所認定、SUP（スタンドアップパドル）ボードの基礎的な指導員の資格認定およびSUPボードスクールの認定を、やはりJCFからの委託によって行なっています。

日本カヌー連盟の組織と活動

　日本カヌー連盟（JCF）は、わが国におけるカヌースポーツを統轄し、代表する団体として、カヌースポーツの普及及び振興を図り、もって国民の心身の健全な発達に寄与することを目的として発足した公益社団法人です。47の都道府県にあるカヌー協会を統括しています。

　《JCFの事業について》
　JCFは、以下にある8項目の事業を行っています。
　1：カヌースポーツの普及及び指導。
　2：カヌースポーツの日本選手権大会及びその他の競技会の開催。
　3：カヌースポーツの国際競技会等に対する代表参加者の選定及び派遣。
　4：カヌースポーツに関する用艇、用具の検定及び公認。
　5：カヌースポーツに関する競技力の向上を図ること。
　6：カヌースポーツに関する指導員及び審判員の養成及び資格認定。
　7：国際カヌー連盟、アジアカヌー連合及び（公財）日本スポーツ協会、（公財）日本オリンピック委員会に対し、日本カヌースポーツ界を代表して加盟すること。
　8：その他この法人の目的を達成するために必要な事業。

　JCFが行う各地域におけるカヌー公認指導員 Certified Canoe Instructor 養成事業を委託されて実施するのがJRCAです。JCFが対象にしているカヌースポーツは、オリンピック競技でもあるカヌー競技ですが、JRCAは主に競技を目的にしないカヌースポーツであるレクリエーショナルカヌーを対象にしています。
　本書で表現されるカヌースポーツとは、カヌーを使って行う身体運動のことです。カヌー競技だけではなく、カヌーを使った身体運動の全般を意味しています。カヌーを漕ぐことから生まれる様々な価値観や生き方を推奨するために、カヌースポーツという表現を本書では使用します。
　本書の初版が出版された2013年現在は、一連のカヤックを対象にしたカヌー公認指導員の養成や指導員が活躍できる社会的な環境を構築しようとしているのが現状ですが、これからの時代の変遷によっては、カヌースポーツが日本社会にとって重要な要素になる可能性があります。
　JRCAは、カヌースポーツを指導するための講習会を実施するJCF公認カヌースクール Certified Canoe School の基準の構築や登録業務もJCFから委託されて行っています。
　JCFに関する、より詳しい説明は、第1章の「カヌー遊び（旅）と競技」（22ページ）にもあります。

『カヌースポーツ基礎(第2版)』 正誤表

vii ページにて，誤りがございました。
正しくは下記のとおりです。
お詫びし，訂正させていただきます。

誤	(公財)日本体育協会 JASA
正	(公財)日本スポーツ協会 JAPO

誤	(一社)日本ラフティング協会 RAJ
正	削除

誤	日本フリースタイルカヤック協会 JFKA
正	削除

誤	日本障害者カヌー協会 CAFD
正	削除

日本カヌー連盟 JCF 加盟団体

- (公財)日本体育協会 JASA
- (公社)日本カヌー連盟 JCF
- (公財)日本オリンピック委員会 JOC

JCF加盟団体:
- 日本レクリエーショナルカヌー協会 JRCA
- (一社)日本ラフティング協会 RAJ
- 日本フリースタイルカヤック協会 JFKA
- 日本障害者カヌー協会 CAFD

都道府県カヌー協会:
- 北海道カヌー協会
- 青森県カヌー協会
- 岩手県カヌー協会
- 秋田県カヌー協会
- 宮城県カヌー協会
- 山形県カヌー協会
- 福島県カヌー協会
- 茨城県カヌー協会
- 栃木県カヌー協会
- 群馬県カヌー協会
- 埼玉県カヌー協会
- 千葉県カヌー協会
- 東京都カヌー協会
- 神奈川県カヌー協会
- 山梨県カヌー協会
- 新潟県カヌー協会
- 長野県カヌー協会
- 富山県カヌー協会
- 石川県カヌー協会
- 福井県カヌー協会
- 静岡県カヌー協会
- 愛知県カヌー協会
- 三重県カヌー協会
- 岐阜県カヌー協会
- 滋賀県カヌー協会
- 京都府カヌー協会
- 大阪府カヌー協会
- 兵庫県カヌー協会
- 奈良県カヌー協会
- 和歌山県カヌー協会
- 鳥取県カヌー協会
- 岡山県カヌー協会
- 島根県カヌー協会
- 広島県カヌー協会
- 山口県カヌー協会
- 香川県カヌー協会
- 徳島県カヌー協会
- 愛媛県カヌー協会
- 高知県カヌー協会
- 福岡県カヌー協会
- 佐賀県カヌー協会
- 長崎県カヌー協会
- 熊本県カヌー協会
- 大分県カヌー協会
- 宮崎県カヌー協会
- 鹿児島県カヌー協会
- 沖縄県カヌー協会

目　次

序文（成田昌憲 / 辰野勇）

日本レクリエーショナルカヌー協会〈JRCAが行う事業について〉 …………… v
日本カヌー連盟の組織と活動〈JCFの事業について〉 ………………… vi
日本カヌー連盟 JCF 加盟団体 ……………………………………… vii

本書の目的〈認定制度の必要性〉 …………………………………… xii
JCF 公認スクールとは〈公認スクールの区分〉 …………………… xiv
JCF の公認指導員とは〈公認指導員の活動範囲〉〈公認指導員の区分〉 …… xv
本書におけるカヌーについて ………………………………………… xvii

第1章　カヌーとは何か
Canoe Means ?

- 1-1 ： 歴史の始まり ……………………………………………… 2
- 1-2 ： カヌーの種類 ……………………………………………… 4
- 1-3 ： 丸木舟の故郷、日本列島 ………………………………… 6
- 1-4 ： 19世紀に生まれたカヌースポーツ ……………………… 8
- 1-5 ： 20世紀の発展 …………………………………………… 10
- 1-6-1 ： 日本のレクリエーショナルカヌー（1960年代まで） … 12
- 1-6-2 ： 日本のレクリエーショナルカヌー（1970年代以降） … 14
- 1-7 ： カヌーとカヤックの区分 ……………………………… 16
- 1-8 ： カヌースポーツの役割 ………………………………… 18
- 1-9 ： カヌーと環境保全 ……………………………………… 20
- 1-10 ： カヌー遊び（旅）と競技 ……………………………… 22
- 1-11 ： 教育とカヌー ………………………………………… 24
- 1-12 ： 拡がり続けるシーカヤックの世界 …………………… 26
- 1-13 ： カヌーと日本の伝統文化 ……………………………… 28
- 1-14 ： 日本の自然とカヌー ………………………………… 30
- 1-15 ： JRCA とカヌー競技 ………………………………… 32
- 1-16 ： 危機管理と自己責任 ………………………………… 34

第2章 ジュニア指導員について
About Junior Instructor

2-1 ：	ジュニア指導員およびトレーニー指導員 ……………………………	38
2-2-1 ：	ジュニア指導員が理解すべきカヌー ……………………………………	39
2-2-2 ：	カヤックとは何か …………………………………………………………	40
2-2-3 ：	レクリエーションカヤック ………………………………………………	42
2-2-4 ：	シットオン（トップ）カヤック …………………………………………	43
2-2-5 ：	リバーカヤック ……………………………………………………………	44
2-2-6 ：	シーカヤック ………………………………………………………………	45
2-2-7 ：	カナディアンカヌー ………………………………………………………	46
2-2-8 ：	フォールディングカヤック（ファルトボート） ………………………	47
2-2-9 ：	サーフカヌーという枠組み ………………………………………………	48
2-2-10 ：	スタンドアップパドルボード（SUP） …………………………………	50
2-3-1 ：	必要な装備 …………………………………………………………………	51
2-3-2 ：	カヤックの用意 ……………………………………………………………	52
2-3-3 ：	パドルの用意 ………………………………………………………………	54
2-3-4 ：	個人用浮揚具（PFD）、いわゆるライフジャケット …………………	56
2-3-5 ：	しぶき除け（スプレーカバー） …………………………………………	58
2-3-6 ：	排水具（ベイラー、淦汲み） ……………………………………………	59
2-3-7 ：	指導員の身なり（服装） …………………………………………………	60
2-3-8 ：	レスキュー（救援）装備 …………………………………………………	62
2-3-9 ：	通信装備 ……………………………………………………………………	64
2-3-10 ：	救急箱（ファーストエイドキット） ……………………………………	65
2-3-11 ：	その他、必要とされる装備 ………………………………………………	67
2-4-1 ：	漕法（パドリング）用語の日本語化 ……………………………………	69
2-4-2 ：	パドル（双刃櫂）の持ち方 ………………………………………………	70
2-4-3 ：	漕ぎの構え（パドリングポジション） …………………………………	71
2-4-4 ：	カヤックへの乗り降り ……………………………………………………	72
2-4-5 ：	前漕ぎ（フォワードストローク） ………………………………………	73
2-4-6 ：	停止動作（ストッピング） ………………………………………………	74
2-4-7 ：	後ろ漕ぎ（リバースストローク） ………………………………………	75
2-4-8 ：	曲げ漕ぎ（スウィープストローク） ……………………………………	76
2-4-9 ：	後ろ曲げ漕ぎ（リバーススウィープストローク） ……………………	77
2-4-10 ：	横漕ぎ（ドローストローク） ……………………………………………	78
2-4-11 ：	横8の字漕ぎ（スカリング） ……………………………………………	79
2-4-12 ：	艫当て舵（スターンラダー） ……………………………………………	80

2-4-13 ： 下手押え回し（ロウブレイスターン）	81
2-4-14 ： 外傾（内傾）曲げ（カーブドターン）	82
2-4-15 ： おもて舵（バウラダー）	83
2-5-1 ： 下手押え（ロウブレイス）	84
2-5-2 ： 上手押え（ハイブレイス）	85
2-5-3 ： 叩き支え（スラップサポート）	86
2-5-4 ： 浮かせ押え（フローティングパドルブレイス）	87
2-5-5 ： 上手押え曲げ（スウィーピングハイブレイス）	88
2-5-6 ： 8の字押え（スカリングブレイス）	89
2-6 ： 脱出法（いわゆる"沈脱"）	90
2-7 ： 補助救援行動（アシステッドレスキュー）	92
2-8 ： 自己救援術（セルフレスキュー）	94
2-9 ： ロープワーク（結索）	96

第3章　カヌー教育の指導要領と安全管理
Guidance and Risk Management of Canoe Education

3-1 ： アウトドア教育と野外教育の違い	102
3-2 ： 学びの循環（ラーニングサイクル）	103
3-3 ： 講習会の組み立て（PDCAサイクル）	104
3-4 ： 挨拶から始まる	105
3-5 ： 体験講習会とは	106
3-6 ： セーフティトーク（事前の注意説明）	107
3-7 ： 指導の手順	108
3-8 ： 気を付ける点と言葉遣い	109
3-9 ： 指導講習会とは	110
3-10-1 ： 安全管理（リスクマネージメント）について	111
3-10-2 ： 安全確認について	112
3-11-1 ： 応急手当（ファーストエイド）について	113
3-11-2 ： 低体温症（ハイポサーミア）について	115
3-11-3 ： 熱中症（ハイパーサーミア）について	116
3-11-4 ： 生存技術（サバイバルテクニック）について	117
3-12-1 ： 賠償責任保険について	118
3-12-2 ： 指導員の責任	119

第4章 シニア指導員について
About Senior Instructor

4-1-1 ： シニア指導員とは	122
4-1-2 ： シニア指導員の方向性	123
4-1-3 ： シニア指導員の指導範囲	124
4-2 ： リバーシニア指導員について	125
4-3 ： リバーカヤックの特徴	126
4-4 ： 川の流れを理解する	127
4-5 ： 流れの等級	133
4-6-1 ： 流水（ランニングウォーター）の漕ぎ	134
4-6-2 ： 本流への出入り（ストリームイン＆アウト）	135
4-6-3 ： フェリーグライド（瀬渡り）	136
4-7-1 ： 流水での自己救援術（セルフレスキュー）	138
4-7-2 ： ロール（回転起き）	140
4-7-3 ： ロールの指導	142
4-8-1 ： リバーレスキュー（流水での補助救援）の基本	143
4-8-2 ： スロウロープレスキューの模擬練習	144
4-9-1 ： ツーリング講習会とは	145
4-9-2 ： ツーリング講習の心得	146
4-9-3 ： フォーメーションと役割	147
4-9-4 ： コミュニケーションについて	148
4-10 ： シニアからマスター、イグザミナーへ	152
4-11 ： カヌースポーツ指導に関する参考書について	153

あとがき	155
参考文献	156

本書の目的

　本書は、JCF カヌー公認指導員および公認指導員を目指す人のための教科書です。そして、カヌースポーツ（パドリングスポーツとも）を楽しみたいと思う人たちが、この世界を理解するための参考書として読めるようにも作られています。

　本書の第一の目的は、安全で楽しいカヌースポーツの指針を表現することです。その指針のもとに、カヌーの講習会を運営するための知識、カヌー全般における技術や判断力を習得していく上で知っておくべき内容を網羅することです。

　太古から続くカヌー史の理解、そして今後のカヌー文化の発展性を理解した上で、公認されたカヌースクールや指導員が、効果的な講習会の運営を行えるよう、技術的な知識や安全管理に必要な情報をできる限りまとめました。

　また、カヌー公認指導員の資格取得を目指さないまでも、もっと深くカヌーを楽しみたいと思う人にも、これらの知識や具体的な技術や、カヌースポーツの価値観が理解できれば、安全で楽しいカヌーの世界が拡がるものと考えます。

《認定制度の必要性》

　公認カヌースクールやカヌー公認指導員といった認定制度が、いったいなぜ必要なのでしょうか。そんな疑問を持つ人もいることでしょう。その点が明確でなければ、認定制度の意義が理解できませんし、制度の必要性も感じられないでしょう。

　今や、地球規模で環境問題への関心が高まっています。日本だけを考えても、全国で都市化が進み、自然環境と触れ合う機会が減り、触れ合いの欠如によって起こる様々な問題が指摘されています。

　そういった問題の指摘を受けるかのように、学校教育や社会教育の分野では、自然体験活動の需要が急激に増えており、今後さらに増えていく傾向が予想されます。

　自然体験活動の中でも、修学旅行や「青少年の家」といった施設で行われる公的な研修において、カヌー体験活動を実施する事例が、全国で数多く見られます。カヌー体験活動の需要は、年々増えています。

　また、2007 年に観光立国推進基本法が生まれ、2008 年には観光行政を担当する観光庁が国土交通省の外局として発足したことも見逃せないことです。同じく 2008 年には、エコツーリズム推進法が施行され、2012 年には環境教育等促進法も施行されました。

　国策として観光立国を目指す日本は、エコツーリズムを含む観光業を視野に入れる必要性があります。実際、観光業の世界では、エコツーリズムを代表するかのようなイメージ（心象）を持つカヌー体験を含んだ旅行商品が多く見られます。

　カヌースポーツを始め、自然体験活動の指導者は、独自に長い時間を費やしながら経験を積み、成功と失敗を重ねながら、安全管理や効果的な指導法を学んでいました。ところが、急増する需要に対応するには、あまりにも指導員が不足しています。特にカヌースポーツに関する指導員不足は否めません。

　こういった社会情勢を受け、不足しているカヌースポーツの指導員を育てることは急務ですが、急務であるが故に充分な経験を積む時間が少なくなります。もちろん公的な専門

の教育機関もありません。適切な安全管理と効果的な指導のための知識や技術を身につけることが、年々難しくなる状況が生まれつつあります。

　未熟な指導法が蔓延してしまうと、受講者に対して安全で楽しいカヌー活動を提供するどころか、誤解された知識や技術が拡がってしまう可能性が大きくなります。また、取り返しのつかない事故が発生する可能性も増えてくるでしょう。だからこそ、系統立てた認定制度が必要になっています。

　万が一取り返しのつかない事故が発生した場合には、当然ながら法的な責任や道義的、社会的な責任が発生します。未熟であるが故に適切な対処ができないと、逆に大きな社会問題となります。カヌーの文化や伝統にとっても痛手となります。

　自然体験活動を実施する場合、実施する事業者や指導員が専門的な知識と技術を持っているという裏付けが必要な時代にもなりつつあります。あってはならない万一の事故による賠償責任を担保する保険の加入においても、専門性を証明する資格などがなければ、保険への加入でさえ難しくなりつつある現状があります。

　JRCAが推進する公認カヌースクールおよびカヌー公認指導員等の認定資格は、文部科学省所管の公益社団法人であるJCFの公認資格です。これは公的な資格であり、専門性の裏付けとして活用できるものです。

　要するに、カヌースポーツの指導にも公的な資格の必要性が生まれたということです。これまで、民間の事業や趣味として自由さを標榜しながら行ってきたカヌースポーツやカヌースポーツの指導が、公的なものになってきたのです。

　そのために、JCFカヌー公認指導員を認定し、段階に応じて資格を与える必要性が生まれたわけです。技術的知識と情報の基準や万一の事故への対応と社会の要請に対応できる制度を整理することが、本書の大きな目的です。

　公認指導員は受講者に対して、安心してカヌーを楽しんでもらうための、基本的な知識と技術の習得をさせることが役割であり、JCFが認定するカヌースクールや公認指導員は、あくまでも限定された水域での指導を前提にしています。

　なお、カヌースクール等で併催されることもある、ツアーなどと呼ばれる行事があります。カヌー等のツアーは海や川を旅することですが、個人旅行的な意味合いと、法的な決まりのある旅行業的な行事を意味する場合があります。

　後者の場合をカヌー旅行と呼ぶことは一般的ではありませんが、個人旅行としてのツアーと区別するために商業ツアーと呼ぶことがあります。公認指導員が、商業カヌーツアーガイド（カヌー旅行案内人）を兼ねる場合もあるでしょう。しかし、公認指導員の資格は、ガイドの資格ではありません。ここは重要な点です。公認指導員が、限定された水域の外で商業ツアーを行うことはありえないのです。

　その場合、公認指導員の資格を持っている人が、公認カヌースクールとは別の事業として行う、旅行業としての商業カヌーツアーになります。

　カヌーツアーガイドに関しては、別組織である日本セーフティカヌーイング協会Japan Safe Canoeing Associationが安全面での公認を行っています。こちらは一般団体ですが、JRCAより歴史が長く、特にカヌーツアーを実施する会社などに安全面を指導しています。役員にはJRCAとの接点が強くあります。

JCF 公認スクールとは

　JRCA が検定、登録を行い JCF に認定される公認スクールは、いわゆるカヌー等の学校であり学習や教育の場です。年間 6 ヶ月以上を通して開校している常設のスクールであり、公認指導員 1 名以上が従事しています。多くは民間の学校や私塾（私設の教育機関）ですが、公的な研修施設に併設されている例もあります。公的な学校や NPO（特定非営利活動法人）などに併設されることもあるでしょう。
　公認スクールは、JRCA の規程を準拠した運営を行い、安全管理や指導員の知識、技術が基準を満たしていることで JCF が認定します。
　JCF 公認スクールには、公認指導員によって受講者が安全で楽しい講習会を体験することができ、万一事故が起きた場合には公認指導員と受講者に適切な対応ができることが求められます。
　公認スクールは、カヌーやラフト、SUP ボード（SUP 艇とも）を楽しむ領域が水上であるため、水上における環境教育の場ともいえます。

《公認スクールの区分》
　公認スクールは、代表者や所属する公認指導員の資格段階によって名称が区分され、その目的にも差異があります。それは以下のように区分され、名称によって公認カヌースクールの内容が分かります。
　まず、一般の受講者に対する指導を中心に行う「公認スクール」があります。次に、公認指導員を認定する検定会の実施ができる「A 公認スクール」があり、さらに「S 公認スクール」に大別されています。
　また「公認スクール」は、代表者や所属する公認指導員の資格段階によって区分されます。資格の区分は次のページで詳しく説明しますが、ジュニア指導員が代表を務めるか所属している「公認スクール・ジュニア」があります。
　次に、リバーシニア指導員が代表であるか所属している「公認スクール・リバーシニア」があり、シーシニア指導員が代表か所属している「公認スクール・シーシニア」という区分があります。
　「A 公認スクール」というのは、その近郊地域で検定会が開催でき、イグザミナー（検定員）が 1 名以上所属していなければなりません。「S 公認スクール」は、イグザミナーが 5 名以上所属し、全国的に広域での検定会が開催できます。
　「A 公認スクール」および「S 公認スクール」は、JRCA への登録に加え、JRCA 理事会での過半数の承認を賛成する議決を経て、JRCA 会長によって認定されます。

JCFの公認指導員とは

　JCFの公認指導員とは、JRCAが定める条件に基づいた検定を受け、その合格者を指します。公認指導員は、検定に合格した上で、安全で快適なカヌースポーツの啓発と普及に寄与する活動を行う能力を有し、遂行する責任を持つ者であると認められなければなりません。

　公認指導員は、公認スクールに所属し、運営規程作成ガイドラインに沿って定めたそのスクールの業務規程に基づいて、カヌー（パドリング）スポーツ普及のための指導を行うことができます。

　JCFが認定する公認指導員は、カヌースポーツの入口に位置しています。カヌースポーツが持つ意義や社会的役割などを人々に伝え、指導を受けた人々が、より深くカヌースポーツを理解し、楽しむためのきっかけを作れることが、公認指導員には、強く期待されます。

《公認指導員の活動範囲》

　公認指導員として活動できるのは、所属する公認スクールで定めた運営規程の範囲内においてのみです。JRCAに登録していない一般のカヌースクール等での活動は、それを保証するものではありませんし、公認指導員の活動範囲でもありません。

　JRCAが事故や訴訟にたいして支援（サポート）できる範囲は、公認スクールにおける公認指導員による指導を、適切な運営規程に沿って実施していた場合に限られます。

　これは、公認指導員と受講者を守るための処置です。受講者に安全で楽しいカヌースポーツの指導を行うには、公認指導員の知識と技術に加え、公認スクールが保険や運営規程など、指導員と受講者を守る体制作りをしていることが条件となるからです。

　つまり、公認指導員の資格を持っていても、公認スクールとして登録していない場合は、受講者に対し「公認指導員が指導をするスクールです」とか「私は公認指導員です」などと標榜して受講者を募集する行為や事業を行うことは、違反行為となります。

　また、公認スクールは、資格を持たない者に指導を行わせないという義務があり、違反すると罰則があります。基本的には、補助にあたる従事者（スタッフ）も含め、公認指導員の資格が必要です。

　しかし、従事者の職務や職種によっては、それぞれの公認スクールの運営規程において資格の有無を明確化すれば、従事者全員が資格取得者である必要はありません。

　ただし、公認指導員とは標榜せずに、友人などに対して個人的に指導を行う場合は、この対象範囲ではありません。

《公認指導員の区分》

　JCFの公認指導員には段階が設けられています。まず、ジュニアJunior指導員とシニアSenior指導員に大別されます。

　ジュニア指導員には、カヌースポーツを普及するための基礎的な知識や技術が求められます。シニア指導員は、リバーシニアRiver Senior（河流域）指導員とシーシニアSea

Senior（海洋域）指導員とに区分され、それぞれの自然環境に、より精通した知識や体験が求められます。

　ジュニア指導員は、一般的に危険な要素の少ない水上で実施される指導に必要な資格です。危険な要素が少ない水上とは、原則として岸から200メートル以内の内水面を意味しています。湖沼や河海の一部であり、かつ水面が穏やかな状態である場合で、具体的には風や流れによる波のない平水（静水）状態の水上です。

　16歳以上で20歳未満の未成年者に関してはジュニア指導員に準じるトレーニー Trainee（訓練生）指導員という資格もあります。トレーニー指導員は、20歳になった時点で自動的にジュニア指導員になります。

　リバーシニア指導員は、一般的に使われる瀬の難易度でいうところの2級以上の流れがある河川を使って指導するために必要な資格です。したがって、河流域に関する特有の自然に関する知識や経験が求められることになります。

　シーシニア指導員は、波や風の影響を受ける可能性が高い、沿岸の海で指導を行うときに必要な資格です。したがって、波や風、また潮流など海洋域特有の自然に関する知識や経験が求められます。

　ジュニア指導員とシニア指導員の資格が、本書で主に扱うカヌー公認指導員です。また、それらのカヌー公認指導員を育成し、指導員の検定会を実施することができる資格にイグザミナー Examiner（検定員）指導員と、マスター Master（検定級）指導員という資格があります。より高度で実践的な安全管理能力が必要になる資格です。イグザミナーとマスターには検定がなく、推薦によってのみ得られる資格です。

　マスターは、検定会において検定が行える資格です。イグザミナーはマスターに検定を要請することができ、検定会を主催して最終的に資格を認める役割を持っています。マスター指導員もリバーマスター River Master（河流域）指導員、シーマスター Sea Master（海洋域）指導員に区分されます。また、JRCAが適切とみなした人が、特別に検定を行う場合もあります。

　マスター指導員は、イグザミナー指導員が所属する公認カヌースクールのシニア指導員の中から推薦され、JRCA会長の承認によって任命されます。

　さらにイグザミナー指導員は、マスター指導員の中からJRCA理事の推薦により、理事会で過半数の承認を賛成する議決を経て、JRCA会長が任命します。

　また、ラフトとSUPボード指導員に関しては、独自の段階を設定しています。

本書におけるカヌーについて

　基本的にカヌーは、パドルと呼ばれる櫂で漕ぐ舟のことです。したがって、カヌースポーツは、パドリングスポーツという呼び方に置き換えられることがあります。これは、カヌーを主体にするのではなくパドルを使って漕ぐこと（パドリング）を主体にした呼び方です。

　しかしながら、パドリングは波乗り（サーフィン）用語としても使われています。サーフボード上で腹ばいになり、磯波を越えて沖合まで腕を使って漕いで行く行為がそうです。その場合、腕がパドルに置き換えられていますが、行為そのものもパドルと呼ばれます。

　さらには、その延長としてシャフト（柄）の長いシングル（単刃）パドルを使い、立った状態で漕げるようデザインされた大型のサーフボードを使った遊びがあり、それがスタンドアップパドル Stand Up Paddle（SUP）ボードです。これは、カヌーという「舟」ではなく、ボードという「板」で水上を移動します。水上移動としてはもっとも素朴なスタイルですが、ハワイで生まれたため SUP ボードによるサーフィンも盛んに行われるようになり、ツーリング用の SUP ボード（SUP 艇）によるショートツーリング（短い旅）を楽しむ人々が激増しています。

　このように、パドリングスポーツは、カヌースポーツよりさらに対象範囲が広くラフトによる川下りもまたパドリングスポーツの一翼を担う世界になっています。

　しかし、本書で扱うカヌーは、カヤックと呼ばれる一連のカヌーを指します。したがって、カヤックを使った指導法について解説していきます。なぜなら、レクリエーショナルカヌーとしては、カヤックと呼ばれる舟が世界的にもっとも普及しているからです。ラフトや SUP ボード指導員については本書以外の教科書も使用します。

　また、カヌーとカヤックの区別は、分かりにくいものですが、本書の解説によって理解できていくと思います。本書は、カヌースポーツを行う上での、基礎的な段階から順を追って解説を展開していきます。

　公認指導員を目指す人は、最後まで熟読し、何度も深く読み込んでください。その上で訓練を繰り返し、さらに熟読することで、カヌースポーツやパドリングスポーツの深遠な世界が見えてくると思います。

　カヌースポーツにおける技術の習得に終わりはありません。公認指導員となっても、技術の習得が完了したわけではないのです。技術を習得するための継続的な活動をすることが、公認指導員としての使命です。

南太平洋カロリン諸島で使われている丸木を刳り抜いたアウトリガーカヌー。(2006年)

第 1 章

カヌーとは何か

Canoe Means ?

1-1 歴史の始まり

　カヌーという単語は、西洋人によるアメリカ大陸の発見者として知られるクリストファー・コロンブスによってヨーロッパに伝えられたものです。15世紀が終わろうとする頃、コロンブスはカリブ海へ到達しますが、その報告書の中でカヌーのことを記したのが、記録に残るカヌー史の始まりです。ラテン語では、カヌーではなくカノーに近い発音です。canoa もしくは canow と表記されるようになっていきます。

　カリブ海のハイチあたりで現地の人々と出会ったコロンブスは、彼らの漕ぐ舟の名がカノーというような発音に聞こえたので、それをそのまま文字にしたのです。したがって、カノーは現地の言葉であるアラワク語が語源とされています。

　コロンブスが見たカノーの中には70〜80人も乗ることができる大きさがあり、信じられないほど速い舟だと書き残しています。

　また、コロンブスの次男エルナンドによると、カノーは非常に軽く、転覆しても漕手（パドラー）は泳ぎながら起こし、左右に揺さぶりつつ水が半分になるまで排水し、最後は瓢箪の淦汲みで水を汲み出す、といった記述を残しています。パドルについても書かれており、西洋のオールとは違い、舷側には固定せずヘラ型のものを水中に突っ込み、強いストロークで漕ぐものだ、といった表現で描写されています。

　今でもスペイン語やフランス語などラテン語系の言語では、カノーといった発音をしますが、フランス語から転化した英語やドイツ語になると少し変化してカヌーになります。

　オリジナルに近いカノーという発音より、カヌーの方が一般的になったのは、近代カヌー文化の発展に寄与したのが英語圏やドイツ語圏の人々だったことが理由だと考えられます。日本語でもカヌーがカノーより一般的になった理由もそこにあるのでしょう。国語辞典などには、カノーという呼び方も併記されています。

　ところが、コロンブスの記述よりさらに800年ほど古い書物に、カノーと思われる舟のことを表記したものが存在しています。それが世界でもっとも古いカノーの記述だと考える人もいます。

　その書物ですが、実は我が国最古の文献である日本書紀と古事記です。伊豆の国で作られた舟の名で「軽野」という字が当てられています。その舟の記述が、少なくとも日本の文献に残る最古の舟の名であることは間違いありません。

　伊豆半島には、実際に軽野神社という神社があります。半島を流れる狩野川のほとりに位置します。軽野の読み方は「カルノ」もしくは「カノ」で、狩野の方もまた「カノ」という読み方をします。そんな事実から推察して、カヌーの語源は古代の日本語かもしれないという説があります。東京商船大学（現在は東京海洋大学）の元教授で東京大学水産学科の先生も務めた茂在寅男氏の学説です。

　茂在氏の説の是非は別にして、そういった説があることだけは覚えておきたいものです。とはいえ、この茂在説を反証する意見もほとんど見当たりません。また、茂在氏は八丈島の方言で、舟のことをカノと呼ぶことも指摘しています。したがって、カノーという言葉の語源が日本列島にあることは、充分に考えられることです。カヌーの起源は、日本列島かもしれないのです。

第1章 カヌーとは何か

Canoe Means ?

3万年前の旧石器時代、氷河期が続いていた時代に今の日本列島には人類（ホモ・サピエンス）が海を超えて渡ってきていました。それを検証する実験が国立科学博物館を中心に行なわれています。様々な検証を経た結果、旧石器時代の石斧で丸木舟（刳舟）が作れることが分かってきました。その石斧は、日本とオーストラリアでしか出土しない特殊な石斧（刃部磨製石斧）で、それが最初の丸木舟建造用道具である可能性が出てきました。（2018年）

1-2 カヌーの種類

　カヌーと呼ばれる舟は、前後が尖っていて櫂で漕ぐ舟を表わすと、一般的にいわれます。また、前を向いて漕ぐ舟がカヌーともいわれます。「だからカヌーは前向きなのだ」などという冗談もあるほどです。

　日本語の櫂はオールを意味しますが、パドルのことも意味します。カヌーの櫂は、オールではなくパドルの方です。オールは支点を持ち、人が後を向いて漕がないと前には進みません。パドルは支点がなく、腕の延長のような感覚で漕ぎます。

　カヌーには、パドルではなく帆を張り、風によって進む種類もあります。西洋人で初めて世界一周の航海を行ったマゼラン艦隊が、そんな帆走カヌーに遭遇しており、それが南太平洋におけるカヌーの最初の記録でした。記述から推察すると、ミクロネシアで見られるアウトリガーカヌーのようです。三角帆を持ち、前後のどちらにも進める構造になっており、風上にも自由に進めるような帆走カヌーです。

　また、百科事典などによると、カヌーとは丸太を刳り抜く構造を持つ舟や、木や竹などの骨組みに獣皮や樹皮を張りつけた舟だとされています。したがって、現代用語としてのカヌーは、構造によってふたつに大別されます。丸木舟（刳舟）系のカヌーは、主に暖かい地域で使用され、英語ではダグアウト Dugout です。木の骨組みに獣皮や樹皮を張った系列のカヌーの方は、皮舟、スキンボート Skin Boat になります。

　ダグアウトにも種類があり、大別すると4種類です。1本の丸太を刳り抜いただけのカヌー。次に船体の片側にアウトリガーと呼ばれる浮き材を付けたシングルアウトリガーカヌー。さらに船体の両側にアウトリガーを付けたダブルアウトリガーカヌー。そして2本の丸木舟を並べたダブルカヌー（カタマラン）です。

　ダブルカヌーは、人類拡散の歴史の最終章である南太平洋（ポリネシア）への移動時に使用されたカヌーで、東京にある国立科学博物館には縮小された模型が展示されています。また、大阪の国立民族学博物館には、帆走用のシングルアウトリガーカヌーが展示されており、それは実際にミクロネシアのサタワル島から沖縄まで航海してきたカヌーで、チェチェメニ号という名があります。

　これらのカヌーは、櫂で漕ぐパドリングカヌーではなく、帆走カヌーが多いようです。帆走カヌーを操る人々の文化には、航海計器を使わず、星や波などの自然を読みながら行われる古代の航海術が残っており、その航海術を復興させようとカヌールネッサンス（カヌーによる文化復興運動）がハワイを中心に拡がっています。21世紀初頭の現在、日本にもカヌールネッサンスが起こりつつあります。

　スキンボートには、獣皮を使用するカヤック Kayak（Kaiak）やウミアック Umiak があり、樹皮の方は主に樺の樹皮、バーチバーク Birch Bark を使ったカヌーがあり、カナディアンカヌーの原形となったものです。スキンボートは北方系のカヌーです。獣皮カヌーは樹皮カヌーのさらに北方に存在していました。

　JCFが対象としてきた競技カヌーは、カヤックとカナディアンに大別されますが、いずれもスキンボートからの発展形です。西洋で発展した近代カヌーは、先住文化である丸木舟と皮舟を一緒にしてしまったようです。

カロリン式帆走アウトリガーカヌー。グアム島などがある北マリアナ諸島の南方に位置するカロリン諸島では、現在でも帆走できるカヌーを建造し、漁を行っています。風上に進む際は、帆の前後を入れ換えて進みます。カヌー本体には前後の区別がありません。（2006年）

2007年、伝統的な航海術を使い、ハワイからトラック諸島へと帆走してきた2艘のポリネシア式航海カヌー。奥に見える「ホクレア」号は、人類が太平洋へと拡散した学説の発展に寄与したカヌーです。この後、日本列島までの航海を成し遂げました。

1-3 丸木舟の故郷、日本列島

　カヌー（カノー）は、カリブ海の言語であるアラワク語から派生したもので、元来は丸木舟を意味しますが、そのアラワク語はアラスカ方面にルーツがあるといわれています。ハイダ族やクリンギット族に代表されるカナダ西海岸やアラスカ南東部の先住民もカヌー民族でした。したがって、カヌーは北米大陸の先住民を含め、古代のモンゴロイド（アジア人種、黄色人種）の言葉だったと考えられます。

　そうなると、前述したカヌーの語源が日本列島にあるということも充分に考えられるわけです。ちなみに、現在でも八丈島の漁船は、独特のシングルアウトリガーカヌーですが、そのルーツはまだ解明されていないようです。

　さらに言及しますと、日本列島における丸木舟、つまりはカヌーですが、その歴史は非常に古いことが分かります。現在のところ世界最古のカヌー建造用工具は、鹿児島県の南さつま市（旧加世田市）にある栫ノ原遺跡で発掘されたもので、丸ノミ型石斧と呼ばれます。今から1万2000年前の石斧です。

　また、日本最古級のカヌーは、長崎県の大村湾の伊木力遺跡と、京都府舞鶴市の浦入遺跡から出土しています。どちらも縄文時代前期（6000年近く前）のものです。当時は縄文海進と呼ばれた時代で、現在よりさらに温暖化が進んでいたことが分かっています。さらに島根大学構内遺跡からは7000年前のカヌーの一部、そして千葉県市川市の雷下遺跡からは7500年前のカヌーが出土しました。これらは、現存する世界最古級のカヌーです。日本列島はカヌーの故郷である、といっても過言じゃありません。

　スキンボート系のカヤックやウミアックは、日本ではまだ発見されていませんし、他の地域でもほとんど見つかりません。素材が分解しやすいために、出土しないのでしょう。もちろん、可能性がないと断言できるわけでもありません。日本列島にもカヤックなどの獣皮舟が存在した可能性はあるのでしょう。

　確認されているカヤックの最古のものは、日本の弥生時代に当たる2000年ほど前のもので、アラスカのセワード半島で見つかっています。発掘されたのは船体布の一部で、デンマーク人の考古学者ヘルゲ・ラルセンという人が発見しています。シベリアでは、墓地からカヤックの模型も出土しています。そちらもやはり2000年ほど前のものです。

　しかし、それらの地域でカヤックを使用してきたカヤック民族の歴史などから察するに、カヤックは5000年以上前から存在していた可能性があると考古学では考えられています。

　というわけで、丸木舟（カヌー）や皮舟（カヤック、ウミアック）といったモンゴロイドの舟の歴史は、縄文時代が始まった頃から続く非常に古いもので、だからこそ日本列島はカヌーの故郷という可能性があるのです。

　現代のカヌーは、そういった伝統カヌーの文化を継承しているという側面があります。したがって、カヌーを深く知ることで、忘れ去られた日本列島の海洋文化が見えてくることも充分に考えられます。カヌーの文化は、相当に遠回りをして今の日本に定着しようとしています。これからのカヌー史には、日本人が深く関与していく必要があるはずです。

神奈川県三浦郡葉山町で出土した1300年ほど前、奈良時代の丸木舟です。町立一色小学校に保管されています。神奈川県では、もっと古いカヌーが横須賀市久里浜の伝福寺遺跡で見つかっています。そちらは5000年ほど前のものです。神奈川という地名も、「カノ川」という川の名前から命名されたようですが、その川がどこにあったのかは不明です。

小笠原群島 Bonin Islands（有人島は父島と母島）で漁やスポーツに使われているアウトリガーカヌーは、ハワイの影響があることが分かっています。1830年、無人島だった小笠原へ初めて入植したのは、白人とハワイ人です。彼らが最初の島民であったため、ハワイのカヌーの影響があるのでしょう。英語の Bonin は「無人」という日本語から命名されたものです。

1-4 19世紀に生まれたカヌースポーツ

　元来カヌーは、漁撈や狩猟、水上移動用の舟として存在していたものですが、スポーツの道具としてカヌーが使われ始めたのは19世紀の半ば頃です。イギリスのスコットランド出身で、ジョン・ロブロイ・マグレガー氏 John (Rob Roy) Macgregor（1825～1892）という人が、1859年に北米大陸やカムチャツカ半島を旅しました。その際に見たカヤックを真似て、板張りの小舟とカヤックに特徴的なダブルパドルを作ります。その小舟は、後にロブロイカヌーと呼ばれるようになります。

　このロブロイカヌーこそが、近代のスポーツ用カヌーの始まりとされているカヌーです。ロブロイカヌーは、現代のシーカヤックに近いもので、木製のクリンカー張りという構造でした。最初のモデルは1865年に作られ、長さが4.4メートル、幅76センチ、重量は41キロというカヌーでした。

　マグレガー氏は、その年にヨーロッパの川や運河を1000マイルに渡って旅して本を書きます。1867年に出版された『A Thousand Miles in the Rob Roy Canoe on Twenty Lakes and Rivers of Europe』（未邦訳、英語版は現在でも入手可）という本があります。その本がきっかけでカヌーブームが起こります。1869年にはヨルダンとナイルの旅を書いた本を出し、1872年にはバルト海沿岸を漕いで本を書き、ロブロイカヌーは一挙に有名になっています。

　またマグレガー氏は、1866年に世界初のカヌークラブを創設し、翌年にはイギリス皇太子だったエドワード7世をクラブの総裁にしました。そのクラブが発展し、1873年にはビクトリア女王の意向で、ロイヤルカヌークラブ Royal Canoe Club と名称を変更しています。その4年後の1877年にブリティッシュカヌー協会 British Canoe Association が誕生しています。

　当初のカヌー協会は、旅をするカヌーイストのためにあったと記録されています。カヌースポーツは、カヌーで旅をすることから始まったようです。

　同じ頃、北米大陸でもカヌースポーツが盛んになっています。1871年にニューヨークカヌークラブ New York Canoe Club が生まれています。内陸部への開拓に際し、樹皮カヌーが大きな役割を果たしていたことで、アメリカにおけるカヌースポーツが振興されたようです。

　1880年にはアメリカ全土からカヌーイストが集まるミーティングが行われ、その後アメリカンカヌー協会 American Canoe Association（ACA）が生まれ、今も活動が続いています。

　1886年には、アメリカ全土に100を越えるカヌークラブが存在していたといわれています。カヌーレースも盛んに行われており、パドリングだけでなくセーリング（帆走）によるカヌーレースも盛んでした。英語圏でのカヌースポーツ振興の隆盛が分かります。

　ロブロイカヌーのマグレガー氏は、日本も訪れています。1870年（明治3年）、横浜で発行されていた英字新聞に、イギリスから来たマグレガーという人の一行が、相模川をカヌーで下って相模湾に出て、さらに江の島の南まで漕いだことが記載されています。その後海岸に上陸し、馬車にカヌーを積んで三浦半島を横断して、横浜の金沢から本牧まで

再び漕いだようです。

　それに、イタリア系イギリス人で、江戸末期から明治の初頭にかけ、日本の風景を写真に収めたフェリックス（フェリーチェ）・ベアト氏 Felix (Felice) Beato という写真家がいますが、彼の撮った写真の中に横浜の富岡海岸でカヌーをやる西洋人の写真が残っています。（F. ベアト写真集 2 : 明石書店、横浜開港資料館編）そのカヌーは、まぎれもなくロブロイカヌーです。マグレガー氏が日本に持ち込んだものなのでしょう。当時、Yokohama Canoe Club という西洋人のカヌークラブ（1872 年に設立）が存在していたことも記録に残っています。

　こういった歴史からも、近代のカヌースポーツは、競技ではなく旅から発展していったことが分かります。スポーツには、もちろん競技という部分もありますが、運動や娯楽的な狩猟、さらに冒険といった意味合いも含まれます。スポーツマンにも冒険者という意味があります。カヌーの旅には冒険的な思考が必要ですから、カヌー旅もまたスポーツだと捉えることができます。

　当協会の名称にある「レクリエーショナルカヌー」というのは、競技以外のカヌースポーツという意味であり、言い方を変えると「旅カヌー」になります。カヌースポーツの世界に旅の要素を加えることで、近代カヌースポーツ文化は構築されるという考えに基づいています。

和船と西洋帆船の系譜を融合させた愛知型打瀬舟。明治時代に建造が始まり、戦後まで使用されていた漁船です。和船では初の水密デッキを装備しており、これが日本式カヌーの最終形だと考えられます。打瀬漁は、風力や潮の流れを使い、横移動させながら網を引く漁法で、江戸時代の瀬戸内海で発祥しました。写真は復元された「内海丸」で、現在は陸揚げされています。

1-5　20世紀の発展

　旅用のカヌーには、折りたためる構造を持ったカヌーが重要な役割を果たしてきました。折りたたみ式カヌーが生まれたのは1907年のことです。ドイツのバイエルン州ローゼンハイムで、ヨハン・クレッパー氏 Johann Klepper が開発し、工業的なカヌーの生産を始めました。彼の名は今もメーカー名に残ります。

　折りたたみ式カヌーは、英語でファルトボート Faltboat と呼びますが、ドイツ語から派生した言葉です。ファルトボートの誕生は、汽車を利用するカヌーの旅に使え、当時のドイツで大変な人気を博しました。まだ自動車が一般的じゃない時代です。

　イギリスで生まれたカヌー協会は、1920年代になると第一次世界大戦の影響もあり、ほとんど消滅しています。しかしながら、ファルトボートが生まれたヨーロッパの大陸側では、カヌーが盛んになっていきます。

　1924年には、ドイツ、オーストリア、デンマーク、スウェーデンの代表が集まり、国際カヌースポーツ議会 International Representation Fur Kanusport（IRK）が創設されています。世界で初めての国際的なカヌー団体は、ドイツ語のカヌースポーツを冠したものでした。その年、パリで開催された第8回オリンピックでカヌー競技のデモンストレーションが行われた際もIRKが関与していたと思われます。

　1927年は、西洋人による初めてのエスキモーロールが披露された年です。ハンス・パウラタ氏 Hannes W Pawlata によって行われたロール法は、今でもパウラタロールという名で残っています。カヤックを転覆から回復するためのロール技術は、特にグリーンランドにおける狩猟用の技術でしたが、パウラタ氏が紹介したロールは、転覆からのレスキュー法というより、技術の面白さを伝えるもので、後にカヤック技術といえばロールというイメージを作り上げました。いわばカヤック技術のシンボルのようになっていきます。

　その翌年の1928年には、フランツ・ローマー氏 Franz Romer がクレッパーのファルトボートを使い、主に帆走によって大西洋横断を成し遂げています。近代カヌースポーツ史に残る偉業でした。

　1930年代になると、イギリスでもファルトボートのメーカーができています。1933年にはカヌーキャンピングクラブ Canoe Camping Club が生まれ、それが現在のブリティッシュカヌー組合 British Canoe Union（BCU）へと発展していきます。

　1936年に行われたベルリンオリンピックでカヌー競技は正式種目になり、キャンピングクラブのカヌー部門が、IRKに参加するためBCUとなったようです。キャンプとカヌーのつながりは、その当時からあったわけです。

　現在の国際カヌー連盟 International Canoe Federation（ICF）が、IRKに代って生まれたのは、第二次世界大戦が終わった翌年の1946年です。戦勝国だったイギリスが中心になって創設されました。戦時中は、ファルトボートが偵察用の道具として使用されたこともありました。そして戦後になり、競技カヌーを始めとしたカヌースポーツの世界が拡がっていきます。

　1955年、医師のハンス・リンドマン氏 Hannes Lindemann は、丸木舟タイプのカヌーで、まず1回目の大西洋横断をやり、翌年にはクレッパー艇で再び横断を成し遂げてい

ます。彼はセールとパドルの両方を使って横断しました。その旅の経緯は、本人による『Alone At Sea』（未邦訳、英語版は入手可）という著作に残されています。そんな流れの中から、60年代になると海をカヤックで旅するシーカヤッキングの動きが始まり、今のシーカヤックの世界につながっていきます。

　1967年にはプラスチック（FRP）製のシーカヤックがイギリスで生まれ、1969年にはアメリカでも製造され始めています。シーカヤックの世界もまたイギリスとアメリカでブームになっていきました。特にアメリカでは、70年代ぐらいから新しい価値観が生まれ、その流れの中でシーカヤックの世界が拡がります。その新しい価値観とは、以前はヒッピー文化などと呼ばれていたもので、後のアウトドア文化やエコロジー運動につながる思想です。

　1987年には、アメリカ人のエド・ジレット氏 Ed Gillet がカリフォルニアからハワイまでカヤックで単独航海に成功しています。カヤックという小さな舟が、4500キロもの太平洋を無寄港で航海できることを証明したわけです。

　アリューシャン列島のカヤックに関するジョージ・ダイソン氏 George B Dyson の研究書『BAIDARKA The Kayak』（邦訳あり）が出版されたのは1986年のことで、同時期にアラスカ州立博物館による大規模なカヤック展が行われ、カヤック研究者のデビッド・ジマリー氏 David W Zimmerly によるシベリアとアラスカのカヤックに関する研究書『QAJAQ』（書籍としては未邦訳）が出版されています。

　そして、90年代になると北アメリカでは空前のカヌーブームになりました。特にシーカヤックと、ホワイトウォーターと呼ばれる激流の中でのカヤッキングの世界が拡がっていき、新しい技術やカヤックがどんどん生まれ、21世紀の現在に至っています。フリースタイルといった競技も盛んになりました。

カヌーやカヤックに関する航海記や研究書が、英語圏、特に北米ではたくさん出版されています。それだけ、カヌースポーツが一般化しています。

1-6-1 日本のレクリエーショナルカヌー
（1960年代まで）

　明治時代初頭、横浜にカヌークラブがあったという事実は歴史的なことですが、それはあくまでも西洋人社会のもので、当時の日本人がカヌースポーツをやっていたという記録はないようです。もちろん記録に残っていないだけかもしれません。

　日本に欧米的な近代カヌースポーツの波が来たのは、1930年（昭和5年）頃です。その年に、ドイツ人がファルトボートを持ってきたという記録があるようです。

　それから6年後の1936年に開催されたベルリンオリンピックでカヌー競技は正式種目になります。カヌー競技の実態を日本から視察しに行き、その時が日本における近代カヌーの幕開けだといわれています。実は、次のオリンピックは東京で開催される予定でした。日本でオリンピックを開催する予定だったのですから、正式種目であるカヌー競技の視察が行われたのです。

　1937年には、専修大学と東京市役所が、初のカヌー競漕を行っています。日中戦争が始まった年です。翌38年には日本カヌー協会が設立されます。しかし、翌年の39年に第二次世界大戦が始まります。

　カヌー競技の振興は、戦争によって中断されてしまい、東京でのオリンピック開催も、世界中を巻き込んだ戦争によって中止されました。

　日本カヌー協会が、国際カヌー連盟に加盟したのは、戦争が終わって6年が過ぎた1951年になってからのことでした。

　ベルリン大会の視察メンバーだった1人に、京都大学教授の高木公三郎氏がいました。視察中のある日、彼はベルリン郊外でファルトボートに乗る老婆と孫の姿を目撃しています。氏は、穏やかな水面にのんびりとカヌーを浮かべているその姿に、カヌーの本質的な楽しみ方を感じたそうです。そして、クレッパー製のカヌーを自分で購入し日本に持ち帰っていたのです。

　その時の氏の想いこそが、日本のレクリエーショナルカヌーの始まりとなったといっていいでしょう。レクリエーショナルカヌーとは、競技ではなく、旅や水面に浮かぶことを楽しむカヌーなのです。

　しかし、高木氏が実際にカヌーを浮かべたのは終戦の翌年になる1946年のことでした。高木氏が持ち帰っていたクレッパーのカヌーは、5メートルを越えるもので、彼はもっと手軽なサイズがいいのではと、すぐに小型のファルトボートを自作しています。まだ終戦直後で帆布が手に入らず、当初は和紙に柿渋を塗った船体布を骨組みにかぶせたものだったようです。

　その和紙カヌーで舟遊びを楽しみ、翌47年には帆布のファルトボートを作っています。高木氏の活動に呼応した人々が集まり、1950年に日本ファルトボートクラブが設立されました。1962年には『携帯ボートの楽しみ方』という本を高木氏は著しています。こうした流れの中から、日本のファルトボートメーカーの始まりであるフジタカヌーが生まれていきます。

　しかしながら、日本には「舟遊び」という遊びが古くからありました。また、「我は海

の子」という唱歌がありますが、その歌詞に「丈余の櫓櫂操りて、行く手定めぬ波枕」という部分があります。まさにそれはカヌーや小舟による旅の讃歌です。旧海軍に若者たちを徴用するために、そんな歌詞が必要だったのでしょうか。ちなみにその後に続く歌詞は「百尋千尋、海の底、遊び慣れたる庭広し」です。海洋民の心をくすぐるような歌詞です。

そして 1964 年、ようやく東京オリンピックが開催され、フラットウォーターレーシング（2009 年より競技名がカヌースプリントに変更）に日本チームが参加します。日本体育協会に日本カヌー協会が加盟したのもこの時です。東京オリンピックが、日本の近代カヌー競技の始まりになりました。社団法人化され、日本カヌー連盟 JCF と改称したのは 1980 年のことです。

そして 1966 年、イギリスのケンブリッジ大学探検部とアメリカのダートマス大学カヌー部の学生が来日し、総勢 10 名（2 人乗りカヤック 5 艇）による下関から東京までのカヤック探検航海が行われます。彼らは瀬戸内海を横断し、紀伊半島沿いに進みますが、伊勢で海上保安庁の強い勧告を受け、仕方なく一旦上陸して陸送し、再び伊豆半島の松崎から東京の浜離宮まで漕いでいます。

今では信じられないことですが、この時代の海上保安庁はカヤックで海を漕ぐことは危険な行為だと考えていました。高度成長期のこの時代、日本社会は経済成長を優先にし、自由な旅をどこか嫌悪するような空気が漂っていたようです。カヌーによる自由感のある旅は、社会に受け入れ難い雰囲気がありました。この時の旅の模様はアメリカの『ナショナルジオグラフィック』誌（1967 年 9 月号）に掲載されています。

高木氏の「携帯ボートの楽しみ方」に触発され 1968 年にファルトボートと出会った神吉柳太氏（JRCA 理事）は、70 年代になると瀬田川河畔でカヌー製造業を始めています。写真は BE-PAL 創刊号（1981 年）の特集で紹介された神吉氏。カヌーで通勤するアウトドアズマンとして紹介されており、当時のカヌーブームのきっかけになりました。

1-6-2 日本のレクリエーショナルカヌー
（1970年代以降）

　70年代になると、日本の社会にも現代につながる新たな価値観が少しずつ浸透し始めました。一方、アメリカでは、学生を中心にした若者の間でベトナム反戦運動が盛り上がり、実際に世論を動かしていきました。そんな中、日本でもカヌーの旅が新たな価値を持っていることに気付き始める人が出てきます。
　その筆頭が、現JRCA副理事長の野田知祐氏です。雑誌記者をやっていた野田氏が会社を辞めてフリーになったのは70年のことでした。早稲田大学ボート部出身の氏は、その頃からファルトボートによる川旅を始め、その世界を表現し始めています。
　ベトナム戦争が終結した75年頃から、時代は自由感に溢れ始め、日本にも自由な雰囲気が生まれてきます。カヌーの旅は、そんな自由への標榜でした。日本におけるレクリエーショナルカヌーの本格的な始まりは、野田氏の行動や彼の文章に描かれた世界だったといっていいでしょう。
　1979年、鎌倉在住の吉岡嶺二氏がファルトボートによる日本一周の旅を始めます。翌80年には、ファルトボートによる本格的な海洋ツーリングが行われます。富樫仁資氏と鳥羽芳機氏によって、沖縄から九州へのファルトボートによる旅が敢行されました。野田氏もその旅に関わっていました。
　しかしながら、海上保安庁はカヌーの航海能力に対しては懐疑的で、マスコミの論調もそれに追従し、どこか批判的な風潮の中でその旅は行われています。しかし、82年に出版された『日本の川を旅する』（野田知祐著）が日本ノンフィクション賞新人賞を受けると、カヌーブームが到来します。その前年に創刊されたアウトドア雑誌「BE-PAL」も神吉柳太氏（現JRCA理事）や野田氏の連載記事によってカヌーブームを後押ししていきます。
　1985年には、ニュージーランドから来たポール・カフィン氏 Paul Caffyn が、シーカヤックで初めて日本一周を行います。彼はオーストラリア一周などを行った人ですが、やはり海上保安庁によって不適切な妨害を受けました。その旅を報告した野田氏により、シーカヤックという言葉が初めて使われます。また野田氏は海上保安庁に直訴し世論が動きます。海上保安庁の姿勢が変わり、シーカヤックに対する偏見がなくなり始めるのは88年頃からです。現在では、海上保安庁もシーカヤックを一種の船舶として認識しています。
　80年代にはポリエチレン製のカヤックが生まれ、レクリエーショナルカヌーの世界が一気に拡がります。素材の変化が、カヌースポーツを振興していきます。
　1987年には当協会の現会長、辰野勇氏が黒部川の上の廊下を滝落ちしながら下り、3年をかけて黒部川を制覇します。この頃からより冒険的なカヌーの世界が生まれます。89年から90年にかけ、日本人で初めて日本一周の旅を行った井上幹生氏もまた、ポリエチレンのシーカヤックを使用していました。
　90年代に入ると、日本のレクリエーショナルカヌーは相当な勢いで社会に浸透していきます。用具の進化が進み、ノウハウや情報も蓄えられ、かなり成熟しました。
　1991年には、障害者を対象にしたカヌー講習会が辰野氏によって開催され、障害者カ

ヌーの世界が日本でも始まりました。当初は、パラマウントカヌー（至上のカヌー）と名付けられた障害者カヌーは、パラリンピック Paralynpic（Paraplegic ＋ Olyumpic）との兼ね合いから世界的にもパラカヌー Paracanoe と呼ばれるようになり、レクリエーショナルカヌーの世界を拡げ、競技カヌーの種目としても認知されてきました。そして 2016 年リオデジャネイロのパラリンピックから正式種目となりました。

　2005 年に発足した日本レクリエーショナルカヌー協会 JRCA は、レクリエーショナルカヌーや新しいカヌースポーツが世界的に拡がる機運を受けてのものです。JRCA の発足は、日本のカヌースポーツの世界が新たな時代に突入した証だといえます。

80 年代になりカヤックの素材にポリエチレンが採用されるようになると、カヤックの世界は一気に冒険指向となっていきました。当協会の会長である辰野勇によってポリエチレンカヤックが日本に輸入されます。写真はネパールのチトワン国立公園内にあるトリスリ川を下るための遠征の一コマ。道がないため象でカヤックを運んでいます。（1991 年）

1-7　カヌーとカヤックの区分

　競技の世界におけるカヌーとカヤックは、同じ「カヌー」という競技カテゴリーの中に入ります。その中で、特に使用するパドル（櫂）形状の違いによって、カナディアンとカヤックに大別されています。したがって、歴史的なカヌーとカヤックの区別と、競技としてのカヌーとでは区別方法が異なります。

　カヌーは、アメリカ大陸先住民の言葉から派生して西洋の言葉になったため、当時の西洋以外で使われていた舟が、全般的にカヌーと呼ばれるようになったと思われます。また、当時の西洋にはなかったパドルを使って漕ぐ舟という点からも、総称としてカヌーと呼ぶようになったと考えられます。とはいえ、現在もっともカヌースポーツを楽しんでいるのが、西洋の人たちです。

　様々なカヌーに使用されるシングルブレードのパドルは、日本の伝統的な櫂と同じような形状で、水をとらえるブレード（水刃）と呼ばれる部分が一方にしかない単刃の櫂です。したがってカヌーの片舷（片側）しか漕げません。

　カヤックに使用されるダブルブレードのパドルは、ブレードがシャフト（柄）の両端にあり、双刃の櫂になります。カヤックの両舷（両側）を漕ぐことができます。

　この双刃のダブルパドルを使う点がカヤックの特徴で、カヤックの構造から必然的に生み出されたパドルです。しかし、伝統的なカヤックの世界では、双刃ではなく単刃の櫂を日常的に使用していた人々がいたのも事実です。

　現在のパドルの多くは、オールのブレード形状から派生したようです。伝統的なカヌーやカヤックパドルとは、明らかに形状が違います。おそらく、西洋のカヌー競技として発展していく過程で、競技にとって効率のいい形状に進化したのでしょう。

　したがって、カヌーとカヤックの区別は一概には説明できず、曖昧になっているのが現状です。まとめますと、元々カヌーは西洋以外の世界で使われてきた舟であり、数多くあるカヌーの一種にカヤックという舟がある、そう考えれば分かりやすいのではないかと思います。

　こういった経緯があるため、カヌーの世界には16世紀以前の西洋社会には見られなかった価値観が内包されています。おそらくそれが西洋人にとってのカヌーの魅力になり、近代カヌースポーツが隆盛してきたと考えることもできます。

　こういった観点からの考察は、現在のカヌースポーツを考える際にも、大きな示唆になります。18世紀の半ばにイギリスで始まった産業革命によって、世界は工業化社会に進みました。19世紀になると工業化はアメリカに波及し、20世紀から現在にかけて世界的に工業化が進みました。ある意味、現在は西洋社会から始まった工業的な価値観が世界を席巻しています。

　ところが、20世紀後半から情報化社会が始まり、情報革命といえるような産業構造の変化が起こっています。21世紀初頭の現在は、その情報革命の最中にあるようです。情報革命の始まりと共に、工業化によって起こった公害や環境破壊に対応するエコロジー運動などが始まりました。だからこそ、現在のカヌースポーツの隆盛は、エコロジー運動に直接関係しているのです。

沖縄の伝統漁船サバニに使われる単刃櫂（シングルパドル）。「ヱーク」と呼ばれ、水刃の部分は伝統的なカヤックパドルの形状に近いものです。帆掛け（フーカキ）のサバニは、カヌースポーツとして復活しており、文化の継承が続いています。（2013年）

高度成長期、日本の主な都市の沿岸部は工業地帯となり、人々は海から遠ざかる生活を選んでしまいました。（横浜港沿岸部、2011年3月11日、震災が起こる直前）

1-8 カヌースポーツの役割

　カヌースポーツは、当然ながら水上で行われるスポーツです。地球の表面はその70％が水で覆われています。水の世界は水圏とも呼ばれ、カヌースポーツは水圏スポーツ（ウォータースポーツ）なのです。

　エコロジー運動が始まる最初のきっかけは、19世紀後半に水圏で起こった公害問題でした。アメリカ東部の都市ボストンでは、工場からの汚水が川や海に流れ込み水質が悪化していました。その水質悪化を問題視したことから家政学が生まれます。当初はエコロジー（生態学）と名付けられた家政学ですが、当時の生態学は人を含まない生物学であり、人の生態（生活）に関して使うことが許されなかったのです。しかし、家政学の世界が現在のエコロジー運動につながっていきます。

　エコロジー運動が本格化するのは第二次世界大戦後ですが、やはり水圏の学者から唱えられます。海洋生物学者で作家だったレイチェル・カーソン女史 Rachel Carson によって1962年に書かれた『沈黙の春』という本がきっかけです。農薬などによって生物がいなくなり、春になっても鳥のさえずりが聞こえない沈黙の春がやってくるという、化学物質に対する警告の書です。

　当時は、化学物質を使うことで人に有害な生物がいなくなり、豊かな自然が訪れるといった意識が強くあったようです。化学物質の問題点がまだ理解されていない時代でした。それがこの本によって変化し、現在のエコロジー運動が始まったのです。

　公害や環境問題は、最終的には水圏のほとんどを占める海へ流れます。水圏という環境を観察することが、公害対策や環境問題の解決には不可欠です。そこで、水圏環境の観察や調査には、船が必要になります。しかし、一般の人々には日常的に水圏に出る機会がほとんどありません。ですが、そこにカヌーがあれば、簡単にそして日常的に人々は水面に漕ぎ出すことができます。また、人は水面に漕ぎ出すことである種の癒しを感じます。それは生物としての本能かもしれません。生物のすべては水圏から生まれています。水圏の恩恵によって地球上の生命は維持されています。

　カヌースポーツは、人を水圏に誘うものです。カヌーによって水圏の世界に誘われた人々は、水圏の問題について他人事ではなくなります。水圏環境が悪化していることは、カヌーを漕げば直接的に感じられます。そこから全体的な環境問題が理解できるようになるはずです。

　今や、世界的に水圏環境の悪化が進んでいます。気候変動や地球温暖化が問題とされていますが、それよりもっと大きく身近な問題が水圏環境の悪化です。日本の都市の海を考えればすぐに分かります。

　東京圏を始め、大阪圏など日本中の都市圏の海は、公害問題が叫ばれて久しいにも関わらず、今もって環境が回復したわけではありません。社会はまったく目をつぶっています。東京や大阪の海や運河で泳ごうと思う人はいませんし、そこに豊かな生態系は残っていません。

　カヌースポーツが持つ役割は、まさにそこです。水圏という環境に対し、敏感になれる人々や機会をカヌースポーツは提供してくれます。

都会の海は汚れて久しく、いまだ回復させようとする姿勢が社会にはありません。カヌースポーツが都会の海で行われることがきっかけになると思います。

横浜港では、JRCAの公認スクールによる講習会が開催されており、シーカヤックを経験する人が急増しています。

1-9 カヌーと環境保全

　JRCA の事業には「自然環境保全への啓発」という項目があります。河川や海洋に身を置き、自然を理解し、環境を保全することへの意識を啓発するというものです。

　カヌースポーツは水上で行われますが、前述したように水上は水圏の表面です。地球の表面上の水によって占められている部分が水圏で、水界とも呼ばれます。地表の 70％ で陸地の 2 倍半もの面積を占め、しかもそのほとんどが海です。

　また、カヌースポーツは自然環境を領域（フィールド）にするため、アウトドア活動（アウトドア・アクティビティ）のひとつに数えられます。しかし、アウトドアを単なる野外や屋外、戸外だと考えると、水圏がイメージしにくいことも確かです。本来のアウトドアは、野外などのような言葉では括れません。

　では、アウトドアとは何を意味するのでしょう。実は「環境」という言葉こそがアウトドアです。環境とは「四囲の外界」という意味です。四囲とは周りのことで、外界は外の世界。世界の「世」は時間、「界」は空間を意味します。つまり環境とは周りの外にある歴史観や地理観のことであり、それがアウトドア文化なのです。環境には、アウトドアという意味が含まれているのです。また、環境には自然的な環境と社会的な環境がありますが、アウトドアは特に自然環境を意味します。社会的な環境においても、都市河川や港湾などの水圏は、アウトドアです。

　アウトドアが環境であるとすれば、アウトドア活動は環境活動になり、環境教育は、アウトドア教育になります。曖昧に使用されることの多い「環境」という言葉が、一気に理解しやすくなるはずです。本書に書かれてある「環境」は自然環境を意味する場合が多いのですが、それを「アウトドア」と読み替えることで、より理解しやすくなるはずです。

　1992 年、ブラジルで行われた環境と開発に関する国連会議が行われました。いわゆる地球サミットと呼ばれるものです。その会議で宣言された「アジェンダ 21」という行動計画があります。このアジェンダ 21 は、世界各国に対し様々な環境に対する保全をしながら、持続可能な開発をするための 21 世紀の行動計画を示したものです。

　それを受けた格好で、1993 年には我が国にも環境基本法が生まれます。この基本法が、新しい価値観であるエコロジー運動や自然環境の保全、つまりアウトドアの保全を示しています。

　さらにいうと、環境基本法は環境の保全についての基本理念を定めた法律ですが、1972 年に制定された"自然環境"保全法の理念の一部が移行されています。そのことからも環境（アウトドア）が主に自然環境を意味していることが分かります。

　環境基本法に則ると、私たち日本人には、この基本法の理念を理解し、環境負荷の低減や環境保全に自ら努めるという責務（責任と義務）があります。

　人類は、生活する社会環境に関してもっと深く考え、自然環境に負担をかける要因（環境負荷）をこれ以上増やさず、逆に自然の許容範囲まで負荷を減らし、そのレベルを持続できるように行動しなければならない、といった価値観でしょうか。

　人々の生活する社会環境が、生態系や生物が存続できる自然環境を破壊している事実に関して、それを積極的に知覚し、環境と人間の生き方（ライフスタイル）を加減良く均衡

させることが、日本人を始め人類の命題になってきたということでしょう。これは、言い換えるとアウトドアライフの勧めなのです。

したがって、カヌースポーツにも自然環境負荷の低減や環境保全が責務として関わってきます。とはいえ、カヌースポーツを振興すること自体が、その具体策になるはずです。なぜなら、カヌースポーツ自体がアウトドアの保全活動だからです。

カヤックを創造した極北地方の人々は人口が少なかったため、当初のカヤックは地域に限定的なものでした。しかし、この200年ほどの間に世界中に拡がり、今や世界の様々な地域で見られるようになりました。

特に1990年代頃から、カヤックは急激な拡がりを見せました。この20年ほどの急激な拡がりは、近年の国際的な社会問題に対応したものであるという見方ができるかもしれません。

現代は、カヌーの中でもカヤックと呼ばれる小舟が、歴史上世界にもっとも普及している時代です。1990年代以降、エコロジーや環境保全といった言葉で表現されるような自然環境と人類との共生のための新しい価値観が、世界的に台頭してきたことでカヤックの価値観も同時に受け入れられるようになったのです。

21世紀は、カヌー文化にとって新たな価値観が定着していく時代となるのでしょう。JRCAは、その手伝いをしています。

日本では自然の海岸線が急速に失われています。海岸線には道路や堤防が作られ、陸と海とのつながりを断ち切っています。カヌースポーツは、その現状を知るためにも有効な手段なのです。

1-10 カヌー遊び（旅）と競技

　カヌースポーツの世界は、キャンプなどを含めた遊びや旅の世界から始まりました。本来の伝統カヌーは生きるための手段でしたが、19世紀にカヌースポーツとなったことで、新たな意味がカヌーにもたらされました。カヌースポーツは、人を水圏に誘うための手段となったのです。

　カヌー遊びやカヌーの旅は、カヌーを漕ぐ技術を必要とします。カヌー漕法の確立は、カヌースポーツの根幹になります。カヌー漕法を学ぶため、必然的にカヌー競技が始まったと考えられます。競技が技術を向上させることは明確なことです。

　カヌー競技はオリンピック種目ですが、日本では今もなお一般化していません。1964年の東京オリンピックが、本格的な日本のカヌー競技の始まりであり、それに伴いJCFも日本体育協会に加盟し、オリンピックにカヌー競技の選手を送り出してきました。東京オリンピック以降、日本が不参加だったモスクワ大会以外は、毎回日本のカヌー選手がオリンピックに出場しています。国体でもカヌー競技は継続して行われています。

　しかしJCFが競技を強く指向することで、カヌースポーツの人材育成の手段であるカヌー遊びや、カヌー旅といった部分がおざなりになっていたことは、残念なことでした。カヌー遊びやカヌー旅は、舟遊びであり舟旅です。これは日本文化の伝統にも根ざすものです。そういった意識が戦後の教育には足りなかったのでしょう。遊ぶことは良くないという風潮は、今も続いています。

　しかし、遊ぶという語を広辞苑などで引くと「日常的な生活から心身を解放し、別天地に身をゆだねる意。神事に端を発し、それに伴う音楽・舞踊や遊楽などを含む」とあります。遊ぶことは、別天地に身をゆだねるわけですから、旅とも同義になります。そしてそれは神事につながっています。遊ぶことは日本の伝統につながっているのです。そういった観点で遊びを考えると、非常に大切な行為だと理解できます。

　JRCAが発足した理由はその点にあります。カヌー遊びやカヌー旅が盛んになることで、カヌースポーツはより健全な世界になっていくという確信があるからです。

　21世紀初頭のカヌー競技において、日本選手はすでに世界のトップレベルに近づきつつあります。その要因には、1980年代に起こったカヌーブームによってカヌー遊びやカヌー旅がかなり普及したことが考えられます。この動きを受けて、カヌー選手のレベルも上がってきたと思われますが、競技人口はそれほど増えていません。

　カヌーの競技人口を増やすことは、JCFにとって重要な目的ですが、競技人口を増やす前にカヌー遊びやカヌー旅を日常的に行う人々を増やすことが重要です。そのためにJRCAが存在しています。

　JRCAがJCFの公認指導員を育成し、公認カヌースクールの認定を行うのは、カヌースポーツの底辺を支える人材を増やすためです。それが、ひいてはカヌー競技においても世界のトップレベルになれる要因になり、さらに水圏の環境問題に対して行動できる人材を育成することにつながるのです。

　JRCAの存在は、カヌースポーツを通して得られる社会的な意義に対し、それを支える人材を教育することにあるのです。

Canoe Means ?

第1章 カヌーとは何か

カヌー旅は、カヌー遊びの主流です。水際近くで、キャンプ生活を楽しみながら数日間でも過ごせば、物の見方が変わり、日本の環境がどういうものかが実感できるはずです。震災から復興するためにも、大切な視点が養われることでしょう。

キャンプ道具を積み込み、カヌーで旅をする遊びのスタイルは、欧米では当たり前の光景です。カヌー技術を学ぶことは環境を大切にするライフスタイル（生き方）につながっていきます。

1-11 教育とカヌー

　2006年に公布、施行された新しい教育基本法は、1947年に施行された旧法をすべて改正し、新たな教育の原則を定めた法律です。この法律の原則にもとづくと、カヌースポーツも教育の一環として活用できることが分かります。

　教育基本法の第2条である「教育の目標」には5つの項目があります。1にある健やかな身体を養うことや、2の自主及び自律の精神を養うことや、3の自他の敬愛と協力を重んずる、といった内容は、カヌースポーツによっても強く養われるものです。

　また、4の生命を尊び、自然を大切にし、環境の保全に寄与する態度を養うことや、5の伝統と文化を尊重し、それらをはぐくんできた我が国と郷土を愛するといった項目も、まさにカヌースポーツによって培われるものだと思われます。

　カヌーを教育の現場で活用している例は、改正前から全国に点在していました。特に学校教育における体験学習や総合学習、体育の教科書にもカヌーについて触れてあり、カヌーと学校教育との接点を模索してきた例が全国各地で見られます。

　また、2011年6月に公布された（2012年10月に完全施行）環境教育等促進法（環境教育等による環境保全の取組の促進に関する法律）という法律においても、環境（アウトドア）教育であるカヌー教育は、重要な具体策としてとらえられていくはずです。

　とはいえ、カヌー教育の指導員不足が現実として存在しています。JRCAは、学校教育を含め、社会教育にもカヌーの活用が可能になるよう指導員育成を目的にしています。

　しかし、なぜカヌーが教育に活用できるのでしょうか。それはカヌースポーツを深く知ることで理解できますが、ここでは簡単に説明しましょう。

　カヌースポーツは、水上という自然環境の中で行われます。カヌーを漕いで水上に出ることは、自然の中に自分を解き放つ行為です。自然のまっただ中に入ると、人は自ずと五感を使い始めます。特にカヌーで旅をする場合は、視覚、聴覚、触覚はもちろん、時には嗅覚や味覚も使い始めます。さらに気象や海象などの天気を感じる必要も出てきます。天気予報を聞くだけでなく、天気や自然の変化を予知したり感知したりすることが必要です。要するに自然に対する「知覚」が必要になってきます。仏教では、六識（眼識、耳識、鼻識、舌識、身識、意識）による認識が知覚に通じるとされているようです。

　知覚は、英語ではパーセプション Perception です。アメリカのカヌーメーカーには、その言葉をメーカー名にしているところさえあるほどです。カヌースポーツには、自然に対する知覚を鍛えるという認識が英語圏にもあるようです。

　カヌースポーツによって知覚を鍛えるということは、一朝一夕でできることではありません。経験や知識も必要になります。継続する経験の中で、危険を予知できる能力のようなものが鍛えられていくのです。

　水上の小さな危険や脅威に対して、最初は驚くものです。例えば、初めて浜辺からカヌーで漕ぎ出す際に、普段では何も感じない小さな波がやけに大きく見えるはずです。その波に驚き、中には怖れを感じる人もいます。それは恐怖というより、驚怖といった方がいいでしょう。

　驚き怖れることで、不思議さを覚えることにもなります。なぜそんな小さな波に驚くの

かと。そんな感覚は、「驚覚」と呼べるものかもしれません。驚いたことを自覚すると、その不思議さを探求するようになります。英語でいうセンス・オブ・ワンダー Sense of Wonder に近いものだと思われます。

　カヌースポーツは、センス・オブ・ワンダーや驚覚を教えるようです。教育としての価値がそこにあります。自然というものに驚き、不思議だと感じる心を養うことで、生命を尊び自然を大切にする心が養われ、自然環境を保全しようという気持が育まれていくのでしょう。

　またカヌーは、日本の伝統の一部です。カヌーを漕ぐことで日本の伝統が理解できていくことも大きな要素です。日本には、多くの伝統がいまだに残っています。日本の伝統を水上からの視点で観察し、経験していくことで、伝統に対するセンス・オブ・ワンダーも培われていくのではないでしょうか。

　特に日本の伝統には、世界に類を見ない熟成された海洋文化が残っています。カヌーの世界は、元々は人類の海洋進出への手段として生まれたものです。西洋で生まれた近代カヌースポーツも、当初は海へ向かう意識が強くありました。ところが、競技になっていく過程で、海への進出より競技の確立へと重心が置かれていったように思われます。

　1970年代にシーカヤックという海洋のカヌースポーツが生まれたことは、当初のカヌースポーツへの回帰だったのかもしれません。1990年代以降、シーカヤックはカヌーの世界の中で急速に拡がっていきました。海洋とカヌースポーツの融合は、これからの時代、さらに拡がり深まっていくことでしょう。

東京海洋大学や横浜市立大学、神奈川大学、三重大学ではシーカヤックを使った海洋環境に関する実習が行われています。この動きがさらに拡がっています。（写真は2012年、東京海洋大学）

1-12 拡がり続けるシーカヤックの世界

　1960年代の終わりに始まった海のカヌースポーツであるシーカヤックは、80年代から90年代にかけて、特に北米（アメリカ、カナダ）で爆発的に拡がりました。5000万人ともいわれる北米のカヌー人口ですが、シーカヤックの登場によってさらに多くの人々がカヌーの世界を楽しむようになっています。北米のシーカヤックは、巨大産業である北米のアウトドア産業を支える重要な柱のひとつになっています。

　シーカヤックが登場し始めた70年代、海でカヤックを漕ぐ人はほとんどいませんでした。シーカヤックという言葉は、北米で生まれた造語です。ニュージーランドからカナダに移住し、世界で初めてシーカヤック専門店やシーカヤック専門誌を作ったジョン・ダウド氏 John Dawd によって命名されたものです。

　当時のカヤックは、川などの流水域や湖のような静水域で行われるものでした。海という波や潮の流れ、さらには強い風といった、多様で厳しい自然環境である海に対応（耐航性）できるカヤックは、ほとんどなかったのです。そんな厳しい自然環境である海で、ましてや旅までやろうという人は、ほとんどいませんでした。

　そんな状況の中、ダウド氏はファルトボートを使い、海におけるカヤックツーリング（旅）の可能性を引き出します。彼はギネスブックに紹介されるほどの長距離を、カヤックで航海しました。

　そんな活動に呼応するかのように、ダウド氏の本拠地だったカナダのバンクーバーやその南に位置するアメリカのシアトル周辺では、海に対応するカヤックの製造が始まります。そこでダウド氏は、カヤックという言葉に、海を意味するシー Sea を付加した呼び方を考えたのです。シーカヤックという言葉は、英語的に響きが良く、その呼称はまたたく間に北米中に拡がり、シーカヤックメーカーも数多く生まれます。

　こういった背景には、北米におけるバックパッキングの隆盛がありました。歩いて自然の中を旅するバックパッキングの価値観が、より深遠な自然環境である海洋に拡がったのです。シーカヤックは海のバックパッキングとして、人々に受け入れられていきます。

　シーカヤックのムーブメントが日本に上陸したのは、1987年頃です。アウトドア雑誌などでシーカヤックが紹介され、海に対応するカヤックが輸入され始めます。それに呼応し、日本製のシーカヤックも製造されるようになります。また、シーカヤックを使った旅であるシーカヤッキングという言葉も使われ始め、シーカヤックで旅をする人のことをシーカヤッカーと呼び始めたのもその頃からです。

　北米のバンクーバーやシアトルといった地域でシーカヤックが受け入れられたのは、周辺の海が多島海であり、陸地に奥深く入り込むフィヨルドと呼ばれる地形だからです。速い流れの潮はありますが、外洋からのうねりが少なく、概ね穏やかな海域だからこそ、シーカヤックを楽しむ人々が急増しました。

　ところが日本列島は、瀬戸内海を除くと、ほとんどが外洋に面しています。さらには大陸からの季節風や日本海流（黒潮）という強大な海流に曝されているため、シーカヤックはもちろんのこと、船舶にとってはかなり厳しい海です。しかし、そんな日本列島でも、確実にシーカヤックの世界は拡がり続けています。

Canoe Means ?

第1章 カヌーとは何か

伊豆半島でシーカヤックを楽しむジョン・ダウド氏（2005年）。彼の著書『シーカヤッキング』は邦訳（山と溪谷社）されましたが、残念ながら絶版になっています。

知床半島沿岸のシーカヤッキング。知床半島は、連続する自然海岸が日本でもっとも長く続くところです。とはいえ、その距離は60キロ程度しかありません。

1-13 カヌーと日本の伝統文化

　日本列島を囲む海が、世界でも特に厳しいことは船乗りの間ではつとに有名なことです。ユーラシア大陸の気候に影響される季節風帯にあるため、風が変化しやすく、さらに列島を囲む強大な日本海流（黒潮）により、流れの変化も多様だからです。風や海の変化を読むことが非常に難しい海です。
　とはいえ厳しい海であるからこそ、他に類を見ない海洋文化が日本列島では培われてきました。それは、列島の存在が世界でも稀に見る豊かな海を育んでいるからです。日本を囲む海には、世界でもっとも多種多様な海洋生物がいることが分かっています。それだけ豊かな海の環境が存在しているのです。
　サンゴ礁の海から流氷で覆われる海までがあり、これだけコンパクトで多様な環境の海が存在するところは、世界でも非常に珍しいのです。その多様性が日本の海洋文化を育んできたことは間違いないでしょう。
　日本の海の文化を理解するには、日本人の魚食を考えてみれば分かります。これほど多種多様な魚介類を食べる国民は他にいません。日本人がいかに海に依存しているかが分かります。だからこそ海の文化が成熟したのでしょう。海藻を食べる国民も、世界にはほとんどいません。しかし、今の日本人は海から遠ざかって生活しているように見えます。
　カヌースポーツが水圏のスポーツであることは前述しましたが、水圏のほとんどは海です。つまりカヌースポーツの領域として、海は存分に活用できる場です。カヌースポーツの中でも、シーカヤック体験をする人が日々増えている現状は、社会が忘れてしまった海への回帰を渇望しているからかもしれません。実際に日本の海を旅することで、思っても見なかった日本の美しさを理解することは多々あります。それは自分の力で漕ぐという行為を伴うからこそ、見えてくる美しさなのでしょう。動力船では、なかなか理解できないものです。
　元来、海の文化や伝統は手漕ぎの船によって培われてきたものです。言い換えると、カヌー（丸木舟）から派生してきた船の文化が、日本の伝統文化を作り上げてきたと考えてもいいはずです。
　日本の沿岸を旅すると、海側から参拝できる神社が数多くあることに気付きます。私たちの祖先が海を移動していたことを、如実に物語る風景です。日本人は、元来海洋民族だと思われますが、いつの間にかそれを忘れてしまったようです。
　日本の海洋民の系列は、神社のことを知ることで概ね理解できます。民俗学などで海洋系だといわれる人々は、阿曇系や宗像系、住吉系、隼人系などで、それらの系列にある神社が数多くあります。今は伊勢神宮が日本人全員の総氏神とされていますが、日本人にはそれぞれの血縁や地縁によって氏神（主に血縁の神さま）や産土神（地縁の神さま）がいるはずです。それらの氏子が日本人のはずなのです。
　また、自分の祖先がどの系列の海洋民だったかを知る機会が、海を旅することで生まれることもあります。おそらくほとんどの日本人には、海洋民の血が流れているのでしょう。そんな血筋が、数千年と続く日本の文化を作ってきたと思われます。
　それに、日本人は間違いなく「島」で暮らす人々です。島で暮らすには海に依存しなけ

ればなりません。魚食の点からもそれは理解できます。海に依存するには、海に詳しくなければなりません。日本人こそが、世界でもっとも海に詳しいといわれる存在でなければならないのかもしれません。日本人でありながら海を知らないというのは、少々具合が良くないのです。

　また、現在の国々の中で、日本だけが独自の文明を持っているという説があります。日本文明以外には、西欧文明やイスラム文明、中華、ヒンドゥー、ロシア正教会、ラテンアメリカ文明があり、さらにあるとすればアフリカ文明が加えられるといわれています。

　日本文明以外は多国間におよびますが、日本文明は日本にしか存在しません。しかもそれは、島の文明です。そこが日本の独自性のように思えます。海に囲まれた独自の島文明であり、逆に世界では孤立している文明です。それを知覚するためにも海からの視点で日本の姿を知る必要があると思われます。

　カヌースポーツ、とりわけシーカヤックの世界などは、そんな海からの視点を養ってくれるものです。そのために、JRCAはシーカヤックの指導員制度を作りました。シーカヤックの指導員育成は、海洋環境（アウトドア）教育であり、さらに海の教育者や研究者を育てることに必然的につながっていくものです。

砂浜に建てられた鳥居。神社との間には堤防があり、神社とのつながりが断たれているかのようです。（周防大島、2009年）

1-14 日本の自然とカヌー

　日本列島は、温帯雨林の島です。熱帯ではなく温帯の雨林という言葉はあまり聞き慣れないでしょうが、それは限られた地域にしか存在しないからです。温帯雨林は、温帯域の海の近くに高い山々が迫るところに生まれます。海から蒸発する水蒸気を含んだ空気が風によって山脈にぶつかり、そこに多量の雨を降らすからです。海と山と風の組み合せがあることで、多雨で豊かな森林地帯を形成するわけです。

　こういった地域は、世界的に非常に稀です。北米大陸の北西海岸や南米大陸の南西海岸、オーストラリア南東海岸やタスマニア、ニュージーランド、北欧の西岸、イギリス西岸、スペイン北岸、黒海東岸、カスピ海南岸などにしかなく、東アジアでは台湾と中国南部、そして日本列島にほとんど限られます。

　温帯雨林は、豊かな森林が形成されることで土壌が良くなり、地球上でもっとも生物の多様性が見られるところです。当然ながら人が暮らしやすいため、温帯雨林には、伐採による開発から逃れられないという宿命が昔からありました。そのため温帯雨林の原生林部分は、ほとんど残っていません。

　また、多雨林は海に栄養分を供給し続けるため、周辺の海には豊かな生態系が存在します。その典型が日本列島です。豊かな海と山に囲まれていたため、列島の人々は海へと漕ぎ出すためにカヌーを作ったのでしょう。熱帯の海では考えられないほど、温帯雨林である日本の海は豊かになる条件があります。豊かというのは、多様性があり、人間が利用できる魚介類が豊富だという意味です。

　森の栄養分が海に流れることで、海の中にも光合成をする森林が生まれます。それは海藻類の森林であり、海中林や藻場と呼ばれます。人に有用な魚介類は、温帯を中心にそのすぐ北や南に多くいます。海中林が豊かに育っているところです。日本列島は、まさに理想的な位置にあるのです。

　また、海に出るためのカヌーを作るには巨木が必要です。カヌーは、巨木のある森林地域だからこそ作ることができます。海と山と風が、列島に多雨林と海中林を作り、海陸ともに多様な生物のいる環境を生み出し、そこに暮らす人々に独自の文化を与えてくれました。

　日本列島がカヌーの故郷であるというのは、そういった自然条件の観点からも理解できることです。漁船を筆頭に、日本の船にはフナダマ（船霊）さまという神さまを今でも祀る慣習がありますが、それは船に神さまが宿っているという考え方があるからでしょう。カヌーもまた一種の神さまなのです。

　カヌー（カノー）の語源と思われる日本書紀にある「軽野」の当て字は、後に「神之」などに変化している例があります。日本各地の多くの神事には、今でも船が使われており、カヌーと神さまの関係が伺われます。風の変化や強い流れによる厳しい海でありながら、それを超える価値が日本の海にあるからこそ、日本の漁業（漁撈）文化を作り上げてきたのでしょう。漁業文化の基底には、当然カヌーがあります。

　日本列島がカヌーの故郷かもしれないという説は、列島の環境を知るとさらに納得できます。カヌーが教育、特に環境教育に活用できる理由が明確になると思います。

東北地方の太平洋岸、三陸の海岸線の多くは森と海とが共存しています。大津波によって多くの人命が失われ、大きな被害を受けましたが、津波は自然現象なのです。写真は大津波前のものですが、この海で発想されたのが「森は海の恋人」運動です。カヌースポーツは、海や川、そして森が共存していることを学ぶ場でもあります。(唐桑半島舞根湾、2010年)

中国山地と四国山地に挟まれた瀬戸内の海は、森の栄養素が流れ込み、世界でも類を見ないほど豊かな海が形成されていました。しかし、埋立てなどの開発によって、森と海が分断され、生き物が激減してしまいました。近年では、特に森から供給される鉄分が足りないのではないかという知見もあります。森と海のつながりを再び思い出すことは、日本人としての責務なのかもしれません。(周防大島、2009年)

1-15 JRCAとカヌー競技

　JRCAの活動は、競技を目的にしないカヌースポーツを主な対象にしていますが、一方のカヌー競技にはどんなものがあるのでしょうか。

　カヌー競技を世界的に統括するのは国際カヌー連盟International Canoe Federation（ICF）です。本部はヨーロッパの内陸国、スイスのローザンヌにあります。日本カヌー連盟（JCF）は、ICF傘下にありますが、大陸協会（Continental Associations）ではアジアカヌー連合Asian Canoe Confederation（ACC）に加盟する団体です。ACCの代表はJCFの会長である成田昌憲氏（2018年現在）が務めています。

　ICFのカヌー競技種目は、カヌースプリントCanoe Sprint、カヌースラロームCanoe Slalom、カヌーワイルドウォーターCanoe Wildwater、カヌーマラソンCanoe Marathon、カヌーポロCanoe Polo、ドラゴンボートDragon Boat、カヌーフリースタイルCanoe Freestyle、カヌーオーシャンレーシングCanoe Ocean Racing、パラカヌー（障害者カヌー）PalacanoeそれにSUPがあります。さらに、その他の競技という部門もあり、そちらはヴァ・ア（ポリネシアンカヌー）Va-a、カヌーセーリングCanoe Sailing、ウェイブスキーWaveski、ライフセービングLife Saving、ラフティングRaftingがあります。日本では馴染みのない競技もありますが、それらが世界のカヌー競技の種目です。

　オリンピックにおけるカヌー競技は、カヌースプリントとカヌースラロームです。また、2016年のリオデジャネイロ・オリンピックではスラロームで羽根田選手が銅メダルを獲得し、パラリンピックでは、スプリントのパラカヌーが新たな種目となりました。

　日本で毎年開催される国民体育大会（国体）でもカヌーは競技種目です。近年はあまり注目されませんが、国体は国内唯一のスポーツ祭典です。選手は都道府県別で競い合います。国体のカヌー競技は、カヌースプリント、カヌースラローム、カヌーワイルドウォーターです。また、国体にはデモンストレーションとしてのスポーツ行事（デモスポ行事）も行われており、2011年の山口国体ではシーカヤックを使ったデモンストレーション競技が行われました。

　JRCAが認定する指導員は、競技指導員ではありません。カヌースポーツは、欧米が起源であり競技も含め今も主流にあります。とはいえ、カヌー発祥地かもしれない日本でカヌーを考える場合、やはり太古から続く文化に責務を感じるべきであると考えられ、レクリエーションをより重要視していく方が近道になると思われます。

　また、JRCAが生まれたきっかけのひとつには、国内で人口が増えるシーカヤックを公式なスポーツとして認定したいという考えもありました。それは、海が日本においてはカヌーの主要フィールドになるという考えからのものです。実際、シーカヤック人口は日々増えています。やはり日本は海の国であり、海の民が暮らす島なのです。

　ICFのカヌーオーシャンレーシングの定義にも、シーカヤックという文言は入っていますが、21世紀初頭の今、現実的にシーカヤックによる競技が、それほど顕在化しているわけでもありません。シーカヤックが世界的な競技として活用されるには、まだまだ時間がかかるのだと思います。また、世界レベルにあるフリースタイルやパラカヌー、SUPもJCFの競技種目になりました。

激流の中でフリースタイルの練習をしています。フリースタイル競技では、すでに日本選手が世界のトップクラスにいます。（写真提供：山口 律）

カヌースラローム競技。2013カヌースラロームジャパンカップ第1戦。富山市井田川カヌー競技場にて。（写真提供：日本カヌー連盟）

カヌースプリント競技。2013カヌースプリント海外派遣選手選考会。坂出市府中湖カヌー競技場にて。（写真提供：日本カヌー連盟）

1-16 危機管理と自己責任

　JRCA の事業には「危機管理と自己責任」と書かれた項目もあります。その内容には「河川や海洋でカヌースポーツを楽しむ際には、不測の事態に対する危機管理や、万一の事故に対する自ら負うべき責任を認識する事が求められます。そこで、カヌースポーツを通じて知恵や判断力など、自然の中で生かされている人間が、本来求められる生きる力を育む」と書かれてあります。

　危機管理とは、冷戦の時代に生まれた政策的な概念です。英語ではクライシスマネージメント Crisis Management といいます。また、自然災害など不測の事態に対応するための政策や体制、行動基準といった防災に関することも含まれます。

　クライシスとは、恐慌など経済的な危機や自然災害、戦争も意味しますが、リスクマネージメント Risk Management に含まれている概念です。リスクというのは予測できない危険（危険性）で、元来は危険性のある岩壁沿いを航海する、といった意味でした。リスクマネージメントは、危険性に対する管理であり、安全管理という言葉に置き換えられます。リスクはベネフィット（利益、恩恵）とのバランスで考えるものです。

　JRCA の事業項目にある危機管理とは、例えば公認カヌースクール存続の危機に対応することが含まれ、個人に対しては安全管理に、より重きが置かれます。安全管理は経営的概念ですが、アウトドア活動におけるリスクマネージメントは危機に陥らないための管理で、それでも危機が起こった場合の対処について想定しておくのが危機管理になるわけです。危機管理に想定外があってはいけないことになります。

　水圏スポーツであるカヌーには、当然ながらリスクがあります。水圏に関する科学的な知識はまだまだ不充分ですが、それでもカヌースポーツにおける危機管理や安全管理は、水圏に関する知識を増やし続けることが求められます。

　カヌースポーツが関わる水圏は、主に海洋の沿岸域と川の流れ（河流）のある流域です。沿岸域というのは、沿岸の海域と陸域の利用や保全を一体的に進める必要から生み出された空間概念のことで、コースタルゾーン（Coastal Zone）を翻訳したものです。沿岸域は、海岸線をはさんで海域と陸域に跨がる一定の範囲を意味しますが、その範囲の定義は時と場合、また地形によっても変化します。河川の流域や湖畔なども沿岸域の一部に含まれます。

　JRCA の活動は、日本におけるカヌースポーツに関する危機管理や安全管理、ひいてはアウトドア活動全般に関する危機管理や安全管理の概念を進化させていくことです。さらに東日本大震災の発生によって、津波を含めた水害に対する防災意識の向上も JRCA の社会的な使命になっていると思われます。

　しかしながら、こういった事業を推進するには JRCA 単独では難しいことです。やはり社会全体で構築すべきものでしょう。JRCA の活動を、大学などの教育機関と連携させ、さらには文部科学省や環境省を始め、日本の政策につながる提言を行っていくことも必要だと考えられます。

　では、自己責任についてはどうでしょう。責任という言葉は非常に古いものです。紀元前 3 世紀頃の中国の思想家である荘子によって著されたとされる書物『荘子』の外篇に

ある天道篇に出てくる言葉だといわれます。日本列島では縄文時代が終わり、弥生時代が始まった頃に相当します。

　意味はというと、人が引き受けてなすべき任務のことです。そして、任務としての責任に加え、英語のレスポンシビリティー Responsibility との意味合い（これから起こる何かに応答すること）が重なり、現在使用されている責任の概念になってきたようです。責任には大きく分けると、法的な責任と道義的な責任があるとされます。

　また、荘子と並び称される老子の思想を合わせて老荘思想と呼ばれますが、その思想は道教（道の教え）やタオ（道）イズム Tao-ism につながっています。日本の茶道などにも影響を与えているといわれています。

　そういう観点から、責任、さらに自己責任ということを考えると、JRCA が唱える自己責任の方向性が、ある程度は見えると思います。

　自己責任は、多義的な意味があり様々な観点からとらえられるため、非常に分かりにくく、誤解されやすい言葉です。しかし、カヌースポーツにおける自己責任には、法的責任という部分もありますが、より道義的な責任の部分に重きが置かれています。道義は道徳の筋道のことで、老子の学とされるものです。

　老荘思想は、日本の海洋文化に影響を与えています。そのひとつに、老子や荘子の時代に起こった、カヌースポーツの起源となった出来事があります。

　老子が生まれた国とされる「楚」という国の指導者に屈原という人がいました。彼は侵略されつつある自国を憂い、入水自殺を計りました。長江中流域の支流で汨羅江（べきらこう）という川への入水でした。彼を助けるために何艘ものカヌーを漁民たちが漕ぎ出し、競い合うように救助しようとしましたが、助けられませんでした。

　その救援劇が、長崎などで行われているペーロン（ドラゴンボート、龍舟）競漕の始まりとされています。歴史的には最古級のカヌースポーツです。ドラゴンボートは、ドラゴンカヌーとも呼ばれます。

　つまり、老荘思想の背景にカヌースポーツがあるわけです。それに、長江は日本列島と並び、世界最古級の丸木舟が出土しているところです。長江の文化と日本列島の海洋文化のつながりも、近年の考古学や文化人類学では強く示唆されています。

　JRCA のカヌー公認指導員としての役割には、こういった学術的な研究をする側面も必要かと思います。公認指導員としての活動が政策の提言などに連なり、カヌースポーツにおける危機管理や自己責任の概念を社会に伝えることで、カヌースポーツが大震災からの復興への道筋を示し続けることは、とても重要なことです。

アウトドアメーカーのモンベルが開発した水害対策用のPFD「浮くっしょん」。カヌースポーツから発想されたサバイバル用 PFD です。写真は JRCA 会長で、モンベルの会長でもある辰野勇氏。「浮くっしょん」は辰野氏のアイデアで生まれた製品です。水害時には PFD を着用するという発想の普及も重要なことです。

大津波によって打ち揚げられた巻き網漁船です。打ち揚げられたこの地帯では火災が発生し、甚大な被害をもたらしました。東日本大震災による被害は、決して忘れてはなりません。日本列島の自然の驚異は、綿々と語り継ぐべきなのです。津波という日本語がTsunamiという世界共通語になっていることも意識すべきことでしょう。(2011年、気仙沼)

　地震と津波によって地盤沈下も起こりました。自然というのは、常に動いているものですが、陸上では動きが小さいため、あまり意識できません。カヌースポーツを通して水上で活動することで、自然が常に動いていることを如実に教えられます。

第 2 章

ジュニア指導員について

About Junior Instructor

2-1 ジュニア指導員およびトレーニー指導員

　JRCA におけるジュニア Junior 指導員は 20 歳以上であり、漕法と安全管理の基礎を習得しなければなりません。ジュニアといっても年少者ではなく、高校でいえば 3 年生のシニア Senior（最上級生）に対し 2 年生を意味する英語的な表現です。

　また、16 歳以上で 20 歳未満であっても指導員になれますが、その場合トレーニー Trainee（訓練生）資格となり、20 歳になった時点で自動的にジュニアに移行します。

　ジュニア指導員は、カヌーから脱艇後、自力で泳ぎつける範囲（目安として、岸から 200 メートル以内の内水面）で、かつ風や波の影響を受けない状況で指導することを想定しています。SUP ボード指導員も、ジュニア指導員に準じます。

◀◀◀ 検定を受けるための基礎知識と技術レベルの目安 ▶▶▶

　カヌースポーツは、水上の様々な自然環境（アウトドア）で実践されており、必要とされる技術は、自然環境の刻々と変化する状況に対応することです。

　カヌーを始める際、最初から高度な技術や経験が求められるような環境で活動することはありません。また、初心者を指導するカヌースクールでは、受講者の安全が最優先であり、高度な技術や経験が求められる環境で指導を行うこともありません。

　初めてカヌーに乗るという経験に適した自然環境とは、穏やかな状態の湖沼や流れのない川（瀞場など）、また波や風のない海（湾内や港内など）などが想定されます。この想定されるフィールド（領域）は、講習中の不測の事態に対し、速やかに上陸が可能であることが重要な要件です。

　このような想定の領域で活躍するのが、ジュニア指導員です。ジュニアには、激流の川下りや時化る海を航海するために必要な知識や技術までは求められません。求められるのは、安全性が管理され受講者が面白いと感じられる指導です。そのための基礎的な知識や技術、経験、そして何より判断力が求められます。

　もっと分かりやすく表現すると、講習後に受講者が「安心して楽しめました」と感じられるよう指導するのがジュニア指導員に求められる役割です。

　もちろん、この基礎的な技術は、ジュニア指導員はもとより、シニア Senior 指導員を含め、公認指導員のすべてに求められるものです。

◀◀◀ 検定に合格するために必要な知識と技術 ▶▶▶

　ジュニア指導員の検定合格を目指す人に求められる知識は、カヌースポーツに特有の専門的な用語を理解し、指導員同士で専門的な用語を用いたコミュニケーション（情報伝達）が行える知識があると認められることです。

　ただし、受講者に対して専門的な用語を使った指導を求めているわけではありません。受講者に対しては、一般的な表現を使うことが大切な要素です。

　検定合格に必要な技術は、カヌーへの乗り方、降り方、脱艇の方法、基本的な漕法を、適切にデモンストレーション（実演）でき、その解説が分かりやすいかどうかなどが求められます。検定のための講習日が 1 日あり、翌日に検定が行われます。

2-2-1 ジュニア指導員が理解すべきカヌー

　現代のカヌーには、フィールドの特性に合うよう様々な種類があります。カヌースポーツの指導には、指導する領域の特性を理解し、使用するカヌーを選択することが重要です。カヌーの選択を誤ると、受講者の技術向上の妨げになる場合もあります。したがって、カヌーの種類や特性を知っておく必要があります。
　ジュニア指導員が使用するカヌーも、受講者と同じ種類のカヌーを選択することが基本です。しかし、安全管理のために必要なカヌーを選択する場合もあります。

◀◀◀ カヌーの基本構造 ▶▶▶

　指導員は、カヌーとボートを明確に区別しましょう。パドルを使い、前を向いて漕ぐ小舟がカヌーであり、オール Oar を使い、後を向いて漕ぐ小舟がボート Boat です。パドルもオールも日本語では「櫂（かい）」ですが、支点を持つオールには「橈」という字を当てることもあります。和船で使用される「艫（ろ）」は、パドルでもオールでもなく、構造の違う推進具です。英語には対応する言葉がありません。
　また、シングルブレードのパドル（単刃櫂）で漕ぐものを、単にカヌー、もしくはカナディアンカヌーと呼び、ダブルブレードパドル（双刃櫂）で漕ぐ舟をカヤックと区分することがあります。ダブルのパドルは、カヤックに特徴的な推進具です。
　JRCAの指導員は、「ダブルブレードパドルで漕ぐカヤック」を指導することが前提です。したがって、指導に使用されるカヌーもカヤックです。
　また、少々ややこしいのですが、カヤックのことを総称としての「カヌー」と呼ぶ場合もありますし、単に舟（ふね）、艇（てい）と呼ぶことも日常的に行われるので、指導中は厳密に分ける必要もないでしょう。
　指導員が使用するカヤックにはデッキ（甲板）があり、漕手（パドラー Paddler）はデッキ内に設けられたコックピット（漕艇席）に座ります。漕手はスプレーカバー（しぶき除け）を装着しており、カバーをコックピットのコーミング（防水縁材）に装着し、しぶきや浸水を防ぎます。
　また、シットオン・トップ・カヤック Sit on Top Kayak（略してシットオン）と呼ばれるタイプのカヤックを、初心者の講習に使用する場合もあります。このカヤックは、オープンデッキ（開放甲板）で、デッキの上に座るタイプです。デッキ上に水をかぶりますが、自動的に排水できるような構造を持っているため自動排水カヤックと呼ばれていたこともあります。
　カヤックの前後には、カヤックが沈まないよう浮力を備えた構造や浮力体が装備されています。不沈構造のカヤックを使用するのが、講習会の前提です。また、カヌー用語には「沈（ちん）する」という用法がありますが、これは沈むことを意味するのではなく、転覆を意味するもので、指導員はその違いを心得ておかねばなりません。
　また、安定性の高いシーカヤックを使用する場合もあります。シーカヤックにはラダー（舵）が装備されていることが多いのですが、基礎的な指導ではラダーの使用はせず、漕ぎによってラダーの役割ができることを教えます。

2-2-2　カヤックとは何か

　JRCA の指導員は、カヤックの指導を行うことが前提ですから、カヤックの歴史的背景も知っておく必要があります。そもそもカヤックとは何か、ということです。

　カヤックは世界的に通用する単語ですが、元来は北極海やベーリング海、ノルウェー海の沿岸といった、極北地方に暮らしていた人々が使う小舟を意味していました。したがって、極北の海に適応した構造を持っていたのがカヤックです。日本語では、カヤックですが、英語圏では kayak もしくは kaiak と表記されます。発音的には kahy-ak となり、1757 年にデンマーク語から英語化されたと記す文献があります。

　極北地方の中でも、エスキモー・アレウト語を話すアジア系の人々が、カヤック民族ですが、その言葉の分布は東シベリア沿岸部までおよんでおり、その隣の北アジア、東アジア、中央アジア、西アジア、東欧に拡がるアルタイ諸語の話者との関係があったことも示唆されます。アルタイ諸語には、日本語も含まれるという研究者もいます。

　カヤックを kayik や kayook と記述してある文献もあり、16 世紀から 17 世紀にかけてアルタイ諸語であろうとされるチュルク（突厥、トルコ）語で舟を意味する qayiq や kayik が、カヤックになっていったという説もあります。イギリスの民俗学者デヴィッド・マックリッチー氏 David MacRitchie が、1912 年に著した論文『The Kayak in North-Western Europe』の中で、そう記述しています。チュルク語族は、エスキモー・アレウト語族と、シベリアでは隣人関係だったようです。

　カヤックは、木の骨組みになめした皮（革）をかぶせ、さらにそれを縫い上げた構造を持った皮舟（スキンボート）でした。細い木を精密に曲げ、それを鯨の腱などを利用した糸で結びます。そして、なめしたアザラシなどの皮をつなげた上でかぶせ、防水構造になるよう巧妙に縫い上げました。木を曲げ、皮をなめし、糸や針を作り、防水構造になるよう縫うという精度の高い技術が要求されます。確認されている最古のカヤックは、アラスカのセワード Seward 半島で発掘された 2000 年ほど前のカヤック皮革がありますが、少なくとも 4000 〜 5000 年前頃から存在したという説もあります。

　極北の人たちは、高度な技術で作られたカヤックで海へ漕ぎ出し、独特の銛による漁猟（海獣や魚を捕る狩猟）を行っていました。漕ぐ技術に加え、狩り（ハンティング）の技術も持っていたのです。

復元されたアリューシャン列島のカヤック（ロシア語ではバイダルカ）。

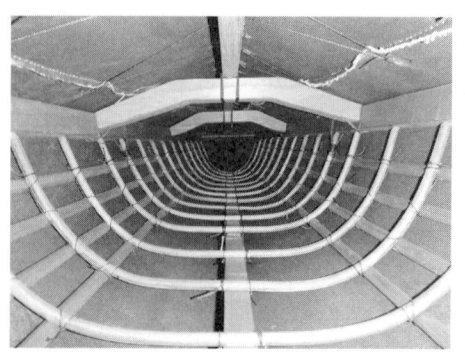

復元されたバイダルカの内部構造。

カヤックの各部名称

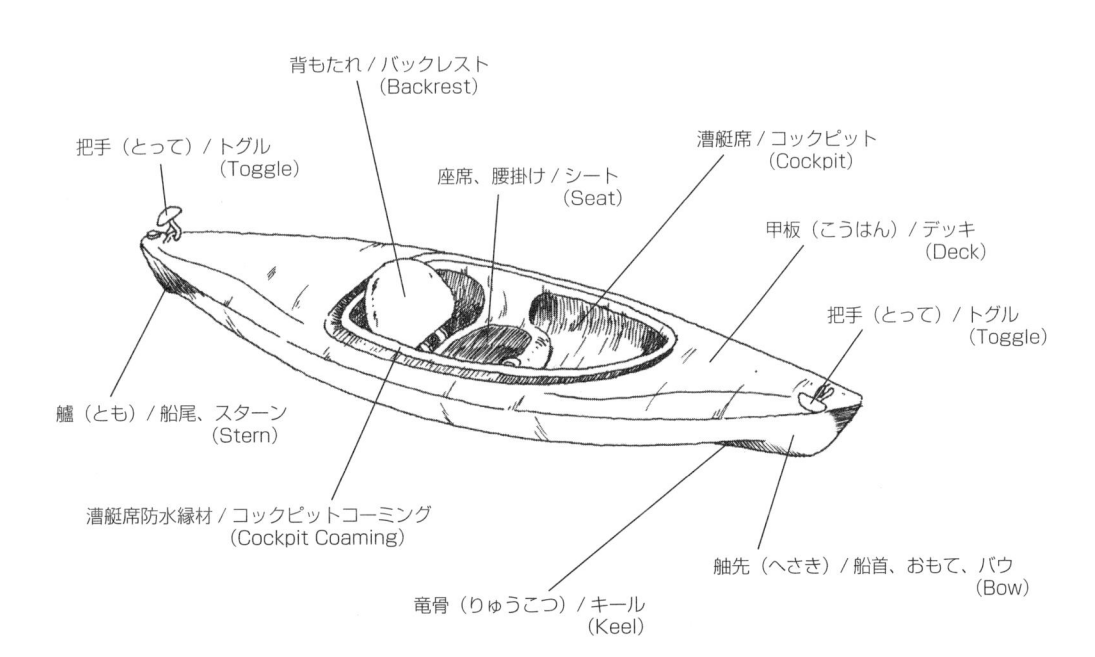

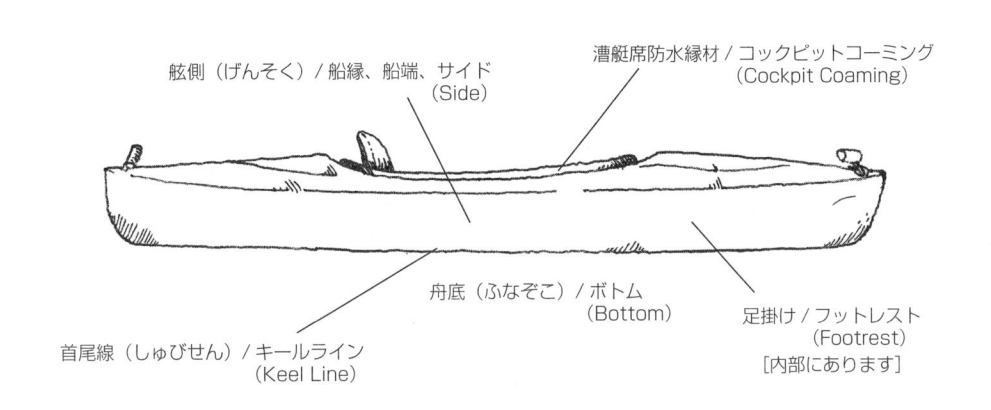

- 把手（とって）／トグル (Toggle)
- 背もたれ／バックレスト (Backrest)
- 座席、腰掛け／シート (Seat)
- 漕艇席／コックピット (Cockpit)
- 甲板（こうはん）／デッキ (Deck)
- 把手（とって）／トグル (Toggle)
- 艫（とも）／船尾、スターン (Stern)
- 漕艇席防水縁材／コックピットコーミング (Cockpit Coaming)
- 竜骨（りゅうこつ）／キール (Keel)
- 舳先（へさき）／船首、おもて、バウ (Bow)

- 舷側（げんそく）／船縁、船端、サイド (Side)
- 漕艇席防水縁材／コックピットコーミング (Cockpit Coaming)
- 舟底（ふなぞこ）／ボトム (Bottom)
- 足掛け／フットレスト (Footrest) ［内部にあります］
- 首尾線（しゅびせん）／キールライン (Keel Line)

2-2-3 レクリエーションカヤック

　ジュニア指導員がもっとも多用すると思われるのが、レクリエーションカヤックRecreation Kayakと呼ばれるタイプのカヤックです。初心者でも扱いやすいようにデザイン（設計）されているカヤックです。

　レクリエーションカヤックは、一次安定感と直進性に重点を置いて設計されていることが特徴です。一次安定性というのは、カヤックに乗った瞬間に横揺れ（ローリング）が少ないことを意味します。一次安定性が高くなるよう、幅を少し広めにし、転覆することをなるべく防げるようデザインされています。

　直進性を確保するため、カヌーの舟底（ボトム）に横流れを押さえる凸部（キール、竜骨）を設けるなどの工夫があります。そのため、漕ぐ技術が未熟であってもカヤックが漕艇（コントロール）しやすく、不自由さをあまり感じさせません。漕ぎ始めるとすぐに楽しさを感じるタイプのカヤックといっていいでしょう。

　横揺れが少ないため、不安を感じず素直に漕げるはずです。前に進めたいと思って漕げば前に進み、後ろに進めようと思えば後ろに進みます。曲がる際に少し遠くを漕ぐことも素直にでき、漕ぎ方のちょっとした違いで曲がることを覚えます。停止する動作に伴って向きを変えることも、簡単な助言で覚えてしまいます。

　レクリエーションカヤックに適した領域は、風や波がない状態の湖沼や湾内、流れがほとんどない河川など、水面が穏やかな状態の時です。そんな状態のことを平水や静水と呼びます。

　ただ、平水での一次安定性は高いのですが、風が強くなり波立つようになると、風や波の影響を受けやすく、逆に漕艇が難しくなるため注意が必要です。また、一次安定性が高いため、転覆した場合に起こしにくいことも認識すべきです。

これが、典型的なレクリエーションカヤックです。

2-2-4　シットオン（トップ）カヤック

　シットオン（トップ）カヤック Sit on Top Kayak は、デッキの上に座るタイプのカヤックです。デッキ上に着座するのでシットオンという呼び方になりました。

　外観は分厚いボード（板）のカヤックに見えますが、浮力を得るために中空構造になっている点が特徴です。素材は、ほとんどがポリエチレン製で、この素材の特徴によって発案されたカヤックだといえます。

　デッキ上に座るための窪みがあり、その部分には水が溜まりますが、排水するための排水口（穴）が設けてあります。開発された1980年代当時は、自動排水カヤックとも呼ばれていました。

　基本的には、パーソナル（個人的）なダイビング用のカヤックとして開発された経緯があります。自らが漕いでダイビングポイントまで行き、そこに錨を降ろし、ボンベを装着して飛び込みます。そのため、ボンベを置く窪みも成形されています。

　水面から再乗艇するためには、カヤックの一次安定性が必要になり、他のタイプのカヤックよりさらに安定することがシットオンには求められます。2人乗りや3人で乗れるタイプもあります。

　この構造を活用し、波乗り用のシットオンも開発されました。また、穏やかな沿岸での短いツーリングにも使用されるようになっていきます。温暖な海岸リゾート地などのレンタル用カヤックとして世界的な拡がりを見ました。

　シットオンは、さらに進化を重ね、今ではフィッシング（釣り）用のカヤックとしても認識されています。釣り船のカヤック版ですが、転覆しにくいがゆえに転覆すると厄介なことになり、再乗艇が難しくなります。そのため、近年はパドルフロート（94ページ参照）を装備するよう、海上保安庁も推奨しています。

　シットオンは、レクリエーションカヤックより一次安定性が高いため、俊敏性に劣ります。風の影響を強く受けるため、針路の保持には技術が必要になります。また、あまりにも簡単に漕げてしまうので、カヌーを安易にとらえてしまう傾向があり、そこに危険性が潜んでいることも認識してください。

シュノーケリングに使用されるシットオントップカヤック。

2-2-5 リバーカヤック

　リバーカヤック River Kayak と呼ばれるカヌーは、特にホワイトウォーター（流れが起こす白波）と呼ばれる急流での漕ぎに対応できるようデザインされています。川の流れを使い、積極的に川下りを楽しめるようデザインされており、リバーランニングカヤック River Running Kayak とも呼ばれます。

　リバーランニングとは、川を走るというより、帆船が追い風を使って走る場合をランニングと呼ぶため、流れに押されながら遊ぶという意味が含まれるのでしょう。フリースタイル競技などにも使用される場合がありますが、基本は流れの多様性を使って遊ぶためのカヤックです。

　河川の急流域は流れが複雑で、川底の地形も視認できないため、非常に厳しい自然環境があります。したがって、リバーカヤックは、流れの中での俊敏さを重視し、特に回転性や漕手の体格にフィット（ぴったり）することを重視しています。

　素材にポリエチレン製が多いのは、川底の岩などにぶつかっても壊れにくく頑丈だからです。流れによってカヤックと障害物の間に漕手が挟まれるような事故を避けるためコックピット内にセンターウォール（中央壁）が設けてあります。

　ジュニア指導員が指導する際に、リバーカヤックを受講者に使用させることはほとんどありませんが、ある程度経験を積んだ受講者の要望によっては、使用する判断をする場合もあるでしょう。そういう時は、カヤックの長さ（前後長）や容積（ボリューム）によって操作性が変化するため、カヤック選択は慎重に行います。

　経験の浅い受講者には、なるべく前後長が長く容積のあるリバーカヤックを選択します。また、同じカヤックであっても受講者の体格などによってカヤックの性格や操作性が変化してしまう点もリバーカヤックの特徴です。受講者の体重や身長などを充分に考慮して選ぶことが肝要です。

急流（ホワイトウォーター）を楽しむためのリバーカヤック。

2-2-6 シーカヤック

　シーカヤックは、耐航性のあるツーリング（周遊、旅）用のカヤックです。耐航性とは、航海に適した性能を持つ、という意味で、英語ではSeaworthyやSeaworthinessと表現されます。目的地を目指すために保針（針路の保持）性が高く、波や風の影響を極力受けないようデザインされており、保針性をさらに高めるためのラダー（舵）やスケグ（保針板）を装備するシーカヤックが一般的です。

　前後には荷室があり、ハッチHatchが設けられています。積載量はかなり多く、1週間程度の食料やキャンプ（野営）道具を積み込むことができ、その重さによってシーカヤックが沈み込み、波の中でも安定するようデザインされています。

　また、種類によっては2～3日程度のツーリングを想定した容積の小さいものや、スピードを重視したタイプ、伝統のスタイルを継承したものなど、近年は使用目的に細かい違いが見受けられます。2人乗りのシーカヤックにも、遠征に適したタイプと初心者と一緒に旅ができるよう考えられたタイプがあります。

　指導に際し、シーカヤックを使用することは理にかなっています。なぜならシーカヤックは、本来の伝統的なカヤックに近い存在だからです。ある程度広い水域であれば、湖沼でも使えます。保針性が高いため、思った方向へ漕ぎ進めることができ、初めてカヌーを漕ぐ人にも、その面白さが理解されやすいものです。

　シーカヤックの登場によって、世界的なカヌー人口は急激な拡がりを見ました。シーカヤックの登場は、カヌーの世界に古くて新しい価値観をもたらしたものだと思われます。また、日本における水圏（水の世界）は、圧倒的に海が占めています。その海を活用できる手段がシーカヤックです。日本においても、カヌー人口の増加にはシーカヤックが大きく寄与しているようです。

シーカヤックには2人乗り（タンデム）もあります。

2-2-7 カナディアンカヌー

　通常カナディアンカヌーと呼ばれるカヌーは、北アメリカの先住民によって作られていたバーチバーク（樺の樹皮）カヌーのことであり、そこから派生したウッド＆キャンバスカヌー（板材フレームとキャンバス張りカヌー）や、板材だけで作るデッキ（甲板）のないカヌーを意味します。デッキがない（オープンデッキ Open Deck）カヌーなので単にオープンカヌーと呼ばれることもあります。パドルはシングルブレードのパドルを使用します。現在のカナダ東部とアメリカ東部の国境付近で多く見られたため、カナディアンという呼称があるのでしょう。

　16世紀から19世紀初頭の頃まで続いた北米大陸の毛皮交易には、ボヤージャーズカヌー Voyageurs Canoe と呼ばれる大型化したバーチバークカヌーが使われていました。初期の毛皮交易者にフランス人が多かったことからフランス語の Voyageurs が一般的な名称になります。Voyageurs は、英語の Traveler に近いニュアンスです。

　また、国際カヌー連盟ICFによる競技カヌーの一種であるカナディアンカヌーは、デッキのあるクローズドデッキ Closed Deck のカヌーです。スプリントでは漕手は片膝を立てシングルブレードで漕ぎます。スラロームでは両膝立ちでシングルブレードを使います。漕手の数で、C1（1人）、C2（2人）、C4（4人）に分かれます。

　レクリエーションに使用されるカナディアンカヌーは、オープンカヌーであり、積載量が多く、ゆったりと流れる河川や湿地帯の水路を旅するために多用されます。北アメリカ開拓史との関わりが強く、先住民の人たちを含めた北米大陸の人にとって、カナディアンカヌーは拠り所のような存在です。また、激流を下るようデザインされたオープンカヌーもあり、ICFではOC1（1人）、OC2（2人）などと呼ぶようになっています。また、平水でのスピード競技用オープンカヌーも存在します。

　カナディアンカヌーに関しては、今のところJRCAが認定する指導員の範疇外にありますが、将来的にはカナディアンカヌー指導員が必要になる可能性も考えられます。日本にも丸木舟から派生したオープンカヌーの伝統文化があるからです。沖縄のサバニと呼ばれる舟などは、まさにそうした伝統を継承するオープンカヌーです。

カナディアンカヌーはJRCA指導員の範疇外になります。

2-2-8 フォールディングカヤック（ファルトボート）

　フォールディングカヤック Folding Kayak は、ファルトボート Faltboat とも呼称される折りたたみ式カヤックです。中には折りたたみ式のカナディアンカヌーもあります。アルミ製や FRP 製のフレーム（骨組み）に船体布を被せ、船体布に内蔵されたエアーチューブなどで張りを持たせる仕組みを持っています。

　折りたためることで、運搬が簡便になり、旅用カヌーといえば、かつてはフォールディングカヤックを意味していたほどです。元来はヨーロッパの運河旅を想定して作られたものですが、外洋航海に使用された例もあり、大西洋を横断したフォールディングカヤックもあります。日本でも川旅用としてブームを引き起こしたこともあります。

　フレーム式であるため、本来のカヤックの構造に近く、フォールディングのシーカヤックも存在しています。デッキ上にハッチを備え、コックピット部にシーソックと呼ばれる防水の大きな靴下のような袋を入れ、漕手はそのシーソック内に入り漕艇します。そのため、ハッチ内が浸水しない構造となり、シーカヤックと同じ機能を持つことになります。

　シーカヤックの原型である伝統的なカヤックは、木の骨組みに皮革を被せた構造でしたから、フォールディングカヤックは伝統カヤックに近い性格を持っていると考えてもいいでしょう。柔構造であるため、波の中をしなるように進みます。また、住宅事情によってカヌーの保管が難しい場合、フォールディングを選択する場合もあります。

　もちろん、指導に際しフォールディングを使うこともあります。ただ、容積が大きい場合、浮きすぎて一次安定性が悪いことがあり、そのため初めての人は不安感を覚えます。バラスト（底荷）を入れて調整することを考慮する必要もあるでしょう。

フォールディングカヤックは、旅に使われることを前提にしたカヌーです。

2-2-9 サーフカヌーという枠組み

　ここまで説明してきたカヌーは、主に北米大陸を起源とするカヌー文化が、19世紀に西欧に伝播していき、そこからスポーツ的な要素を取り入れて生まれてきたものです。一方で、主に南太平洋の文化から生まれた一連のカヌーがあります。それらは、カヌースポーツというよりマリンスポーツ的な要素が加味されたカヌーであり、それらを集約するとサーフカヌー Surf Canoe といった表現ができると思います。

　サーフとは、波が砕けることを意味しますが、波が砕けるところは磯に近いので、日本語では磯波と呼びます。したがって、岸にある程度近く、磯波のある海でのスポーツに対応するカヌー、それがサーフカヌーという枠組みです。

　具体的にそれらのカヌーには、サーフスキー、ウェイブスキー、サーフカヤック、アウトリガーカヌーといった名称があり、それぞれの競技もあります。サーフは波が砕けるという意味ですが、波が砕ける現象が起こるのは岸に近い部分で、そこをサーフゾーン（砕破帯）と呼びます。また、波が砕けるような状況は、風の強い沖合のうねりの中でも生まれます。そのため、サーフカヌーには波の中で積極的に楽しむカヌーという意味合いが含まれています。カヌー遊びというより波遊び用のカヌーで、要はサーフボードによるサーフィン Surfing（波乗り）文化との接点が強いカヌースポーツの世界だということです。

　近年（21世紀初頭）、日本でもこの一連のサーフカヌーによるスポーツが台頭してきており、将来的には JRCA の範疇に入ってくる可能性はあります。リバーカヤックやシーカヤックには、サーフに対応する技術があるため、関連性が深くなることは予想されます。

　サーフスキーは、オーストラリアで生まれたシットオンタイプのカヤックです。サーフライフセービング競技用に開発され、サーフゾーンの中での速度を競います。救助用ではなく、競技用カヤックとして使用されています。

　ウェイブスキーは、サーフボードから派生したシットオンタイプのカヤックです。サーフゾーンの中で俊敏に動けるよう、前後長が短く、デッキに着座して乗るサーフボードであり、パドルを操りながら波乗りを楽しむためのものです。

　サーフカヤックは、リバーカヤックのような外観を持ちますが、流れによって生まれる白波（ホワイトウォーター）ではなく、磯波のように動く波の中でコントロールできるように生まれたカヤックです。シーカヤックの世界的な拡がりと共に台頭してきたカヤックで、日本でもサーフィン競技の種目のひとつになっています。

　アウトリガーカヌーは、南太平洋で伝統的に使用されてきましたが、現在では競技に特化した一連のカヌーがあります。アウトリガーカヌーは、ポリネシア語でカヌーを意味するヴァア Va-a とも呼ばれます。ハワイやタヒチを中心にした競技で、OC6（6人乗り）やOC4（4人乗り）があり、サーフスキーから発想されて生まれたOC1（1人乗り）とOC2（2人乗り）もあります。オープンカヌーと同じOCと略されるので混同しますが、2016年のパラリンピックから行われるカヌースプリント競技ではV1（ヴァア1）などと表現されます。ヴァアは、海峡横断レースやサーフィン、またスプリント競技を楽しむカヌーとして世界的な拡がりを見せており、日本でも新しいカヌースポーツとして少しずつ拡がる傾向にあります。

About Junior Instructor

第2章 ジュニア指導員について

２人乗りのアウトリガーカヌー。１人乗りもそうですが、サーフスキーから発想されて生まれたカヌーです。

６人乗りのアウトリガーカヌーは、南太平洋の伝統的なカヌーで、全長が45フィートほど（14メートル弱）もあり、非常に細長いカヌーです。

49

2-2-10 スタンドアップパドルボード（SUP）

　スタンドアップパドルボードとは、シャフトの長いシングルブレードのパドルを使い、立った状態で漕げるようデザインされた大型のサーフボードのことです。

　ハワイのオアフ島ワイキキビーチにいるビーチボーイたちが、ロングボードとアウトリガーカヌー用のパドルを組み合わせて遊び始めたのが始まりとされます。ハワイ語でサーフィンを意味するヘエ・ナル He-e Nalu と区別し、ホエ・ヘエ・ナル Hoe He-e Nalu（Hoe は漕ぐ、He-e は固体から流体へ、Nalu は波）と呼ばれます。

　また、略して SUP と呼ぶことが多く、近年は SUP によるサーフィンだけではなく、SUP を漕ぐという意味で SUP ボーディング SUP Boading と呼ばれるようになり、SUP はパドリングスポーツとして認識されるようになりました。

　カヌースポーツは、パドリングスポーツですが、SUP の拡がりによってパドリングスポーツの枠が拡がっているわけです。これまでパドルとは縁のなかったサーファーたちが SUP を取り入れたことも、パドリングスポーツの枠を拡げているようです。

　また、シーカヤックの世界的な中心地である北米大陸沿岸でも、より手軽であるために SUP ボーディングが拡がっています。穏やかな湾内などでは、フィットネス（健康運動と訳されるようです）としての SUP ボーディングが人気を博すようになり、カヌーの延長として SUP をとらえ、ツーリング用の SUP（艇）が急激に拡がっています。

　SUP ボーディングの流れは、日本のカヌースポーツにも影響を与えており、風や波がない日に海上を手軽にツーリングするための道具として、SUP ツーリングという分野が生まれ、シーカヤックショップなどでも取り扱うようになりました。

　この SUP ボードツーリングに関する技術は、まだまだ発展途上でしょうが、JRCA が関わり、技術はもちろんのこと、安全面に関してのノウハウの構築も進めていくことになっています。特に海や川でのツーリングに力を入れることになります。

カヤックと一緒にツーリングする SUP ボード。ツーリング用の SUP（艇）が開発され、販売が始まったのは 2008 年のことです。歴史が浅いため、技術面や安全面のノウハウにはさらなる研鑽が必要になります。

2-3-1 必要な装備

　ジュニア指導員は、指導中に全身が濡れることを前提にして行動します。指導中は、水圏の環境に身を委ねているため、環境にある障害物から自分の身体を保護できるよう、状況に合った適切なカヌーウェア（カヌー着）、特にカヤック用のウェアを着用し、それに見合った靴を履かなければなりません。また、カヤックウェアを含めた装備すべての意味を正しく理解し、その意味を解説できなければなりません。

　ジュニア指導員のカヤックウェア選びは、講習日の自然環境の状況（水温や気温、天気など）に加え、自分の体調も含めて考慮することが重要になります。指導員のウェア選びは、受講者の手本となることも忘れてはなりません。自分が見られているという意識を持つことが必要です。

　装備のすべてについて充分に理解し、受講者に対して解説する必要があります。その講習会において適切なカヌーと装備が用意されており、それらのすべてに対して、分かりやすい説明ができることがジュニア指導員には求められます。もちろん、それらの装備の使用に関し、熟練していることも求められます。

　講習中に起こりうる緊急事態に対して用意しておく必要もあります。緊急事態を想定し、それに対応できる装備を選んでいることが求められます。

　通常、受講者が専用のカヤックウェアや装備を用意した上で、講習会に参加することは稀です。受講者が用意してくる装備は、濡れることに対し最低限の用意しかできないと考えておくべきです。そのため、カヌースクールでは、貸出し（レンタル）用のウェアや装備をあらかじめ用意しておくことも必要でしょう。

　ジュニア指導員は、レンタル用装備についても充分な知識を持ち、日常的に点検を行い、メンテナンス（維持管理）をしておくことが求められます。貸出しに際し、装備に不具合があるようでは、カヌースクールの信頼性が損なわれることにもなりかねません。

使用後には、カヌーや装備品を水洗いしますが、それも講習の一部と考える場合もあります。

2-3-2 カヤックの用意

　ジュニア指導員が使用するカヌーは、ダブルブレードのパドルで漕ぐカヤックですが、基本的には受講者と同じモデル（型式）のカヤックを使用します。しかし、カヌースクールの状況によっては、違うモデルのカヤックを使用せざるをえない場合もあります。

　ジュニア指導員が指導に使用するカヤックは、主にレクリエーションカヤック、シットオンカヤック、シーカヤック、フォールディングカヤックです。場合によっては、リバーカヤックを使用することもあるでしょう。

　指導員検定においては、レクリエーションカヤック、シーカヤック、フォールディングカヤックを使用し、一部にリバーカヤックを使うこともあります。検定に際し、シットオンカヤックを使うことはありません。なぜなら、シットオンカヤックでは、カヤックに特有の技術を習得しているかどうかが判断しにくいからです。

　とはいえ、ジュニア指導員が指導する講習会では、シットオンカヤックを使用する場合があるため、シットオンのウイークポイント（弱点）を理解しておくことは必須であり、シットオンを経験しておくことは重要なことです。

　ジュニア指導員は、用意されたすべてのカヤックの具合を把握しておく必要があります。同じモデルのカヤックであっても、使用状況によって不具合が生じている場合があります。また、同じモデルが揃えられない場合や、受講者の体格によって選択するモデルが異なる場合もあります。カヤックは、モデルやメーカーによってフットレストやバックレストなどの調整法が異なるため、それぞれの調整法を熟知しておくことも必要になります。

　指導員は、緊急事態に対応しなければならないこともあるため、例えば受講者にシットオンカヤックを使用させている場合でも、より素早く動けるカヤックを使用することもあるでしょう。カヤックの特性を充分に理解しておけば、指導員として選択すべきカヤックが自ずと選択できるはずです。

シーカヤックを授業に取り入れている、愛媛県の愛南町にある内海中学校の授業風景。
（2010年）

● カヤック艇庫

　カヤックの用意に付随して、保管用の艇庫も考える必要があるでしょう。基本的にカヌースクールの敷地は水辺に近いでしょうから、水辺までの移動は人力で行います。カヤックを抱えて移動することも、講習の一環と考えてもいいと思います。また、カヤック用のカートを使う場合もあるでしょう。

行政が建築したカヤック艇庫。（山口県長門市）

単管パイプを利用した艇庫。

中学校の校舎内に設置された艇庫。
（愛媛県愛南町）

浮き桟橋に設置されたカヤック艇庫。
（カナダ、バンクーバー島）

浮き桟橋に屋根付きの艇庫を設置。
（アメリカ、シアトル）

カートを使って水辺まで運んでいます。

2-3-3 パドルの用意

　カヤックを推進させるパドルは、シャフトの両端にブレード(水刃)のあるダブルブレードのパドル（双刃櫂）です。ジュニア指導員は、ダブルブレードのパドルに関する知識も充分に持っていなければなりません。ダブルブレードのパドルの使い方を習熟し、あたかも自分の手の延長具のようになるまで馴染むことが大切です。

　ダブルブレードパドルは、カヤックに特徴的な推進具ですが、漕ぐことでカヤックを安定させる働きもしています。転覆した際も、パドルを使ってカヤックを起こすことができ、充分に使えるようになれば、転覆することもほとんどありません。

　パドルという単語は、15世紀頃に西洋で使われていた土を掘るための鋤やシャベルを意味するPadellという単語から転訛したもののようです。日本語の櫂は、7～8世紀に編纂された万葉集にも登場するため、パドルより古い語です。櫂は「掻き」の音便とされ、掻くという表現からも手の延長であることが分かりますが、その櫂はあくまでもシングルのパドル（単刃櫂）であり、ダブルのパドルではありません。

　また、櫂にはオールOarもありますが、区別するために「橈」という字を当てます。オールのブレード部は、かつては水掻（みずかき）と表現されていましたが、本書では、ブレードが刃という意味であることから、水刃と表現しています。したがって、ダブルブレードのパドルという意味で、双刃櫂という表現を採用しています。

　受講者が使用するパドルは、廉価版が多いのが実情です。廉価版のパドルは、概ねブレードの幅が広めであり、収納しやすいよう中央部で2分割できるようになっています。ブレードにはプロペラの羽根という意味もあり、分割することで両ブレード面をプロペラの羽根角をつけるよう、ねじって固定できる工夫があります。このブレードのねじれをフェザーリングFeatheringと呼びます。

　フェザーリングとは、矢に羽根を付けるといった意味で、オールの漕法にも使われる言葉です。ストローク（一漕ぎ）が終わりブレードを水から抜き、水平に返すことがフェザーリングです。カヤックの漕ぎにもオール漕法からの言葉が流用されているわけです。しかしながら、本来の双刃櫂は、両方のブレード面が平面になるよう作られていました。そのように固定した場合は、アンフェザー（フェザーリングしない）といいます。また、ブレード面が広めであることもオールからの発想のようです。

アンフェザーの伝統的なダブルパドルです。　　パドリングの方法を陸上で習う子供たち。

パドル説明

双刃櫂（ダブルブレードパドル Double Bladed Paddle）

水刃／ブレード（Blade）　柄／シャフト（Shaft）　水切り（Drip Ring）

単刃櫂（シングルブレードパドル Single Bladed Paddle）

水刃の角度（ブレードアングル Blade Angle）

アンフェザー Un-feather 　　　　フェザーリング Feathering

水刃の幅 Blade Width の違い

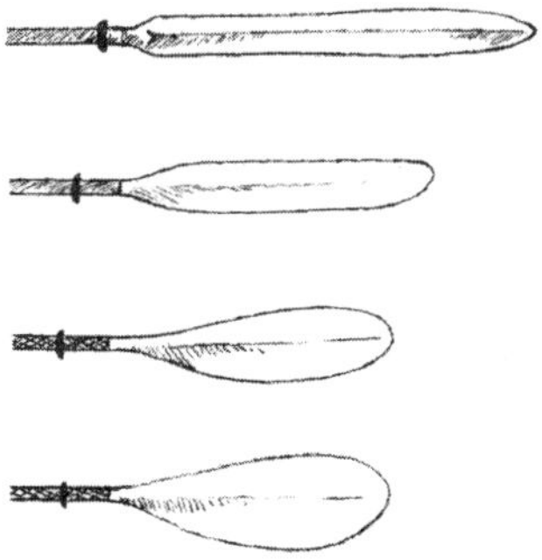

細身の水刃はナローブレード Narrow Blade

幅広の水刃はワイドブレード Wide Blade

2-3-4 個人用浮揚具（PFD）、いわゆるライフジャケット

　カヤックに乗り込む際は、救命胴衣とかライフジャケットと呼ばれる浮揚具を着用します。受講者に着用させることは責務であると、指導員は心得ておきましょう。人の身体は、全体の2パーセントほどしか浮きません。呼吸をするためには、鼻と口を水上に出さねばならず、手を上げてしまうだけで呼吸ができない状態になってしまいます。人の身体は浮きますが、微妙に浮くだけですから着用は責務なのです。

　カヌーの世界では、この浮揚具をPFDと呼びます。Personal Floatation Deviceを略した呼び方で、日本語だと個人用浮揚具でしょうか。PFDは、アメリカやカナダで使われている用語で、コーストガード（米国沿岸警備隊 US Coast Guard）によって5タイプに区分され認可されています。カヌースポーツで使用するPFDは、そのタイプ分けにある浮揚補助具 Floatation Aid（typeⅢ）か特殊用途具 Special Use Device（typeⅤ）になります。

　ところが日本では、PFDに関する法律的な仕組みが曖昧であり、アメリカのようにコーストガード（日本では海上保安庁）が認可する仕組みはありません。国土交通省の海事局が担当し、あくまでも船舶の備品という位置付けです。平成15年に一部の船舶乗船者（水上オートバイ等、小型船舶乗船中の小児、1人で漁撈する漁師）に救命胴衣（ライフジャケット）の着用義務が法律で定められました。

　しかし、肝心の救命胴衣の型式承認基準などが時代の変化に対応しておらず、カヌースポーツに使用されるPFDという用語についても、ほとんど認識されていないのが現状です。日本の救命胴衣は、人力以外の動力を持つ船舶が対象であり、それを持たないカヌーは対象外です。カヌーは船舶の分類上「ろかい船」と表現されますが、ダブルパドルで推進するカヤックがそれに相当するかどうかも、明確ではありません。

　カヌースポーツには、PFDに関する知識を社会に拡げる役割があることも、ジュニア指導員は認識しておきましょう。2011年の津波による大災害により、PFDの重要性が社会に認識され、指導員が果たすべき役割のひとつが明確になっています。

　カヌースポーツ用PFDには、北米や西欧の製品が多いのですが、日本製だとフローティングベストなどの商品名で市販されています。指導に際しては、パドリングに適したデザインであるカヌースポーツ用PFDを着用させるべきでしょう。

　受講者にPFDを装着してもらう時には、水に落ちた際にPFDの浮力によって脱げないよう、身体にフィットさせることを指導します。同時にPFDが持つ保温性についても説明します。PFDの浮力は質量で表され、単位はkgです。質量の目安は、最低でも7.5kgと規定されており、体重の10％以上の浮力というのが目安です。

　また、指導員のPFDには短距離の曳航に使用する短いロープ、カウテール Cow Tailを装着することを推奨します。クイックリリース Quick Release（緊急解放）ができるよう工夫されたロープで、牛の尻尾に見えるのでそう呼ばれます。ピッグテール Pig Tailと呼ぶこともあります。カウテールは、泳いで救助する場合にも有効です。

　カウテールとは別に、トウロープ Towrope（曳航ロープ、引き綱）やスロウロープ Throw Rope（投げロープ）を装備しておく必要もあります。

About Junior Instructor

第2章 ジュニア指導員について

カヌーやカヤック専用のPFDは、パドリングの妨げにならないような工夫があります。

米国沿岸警備隊（USコーストガード USCG）がカヌー＆カヤック用に認定したことを示す表示が、アメリカ、カナダ製PFDには縫い付けられています。日本にはカヌー＆カヤック用の規定がまだありませんが、カヌー＆カヤック用と表明して市販されているものは、信頼に足る製品がほとんどです。

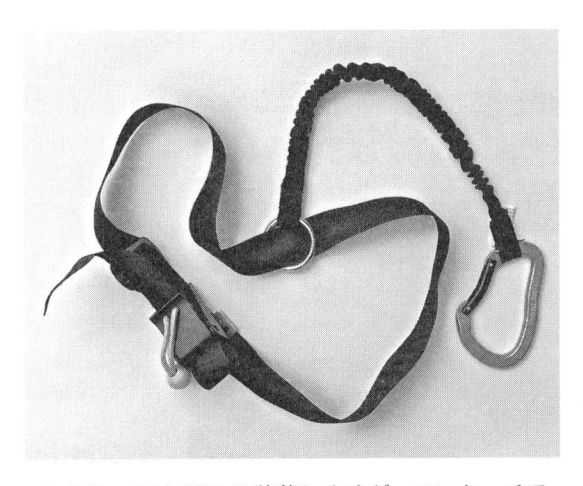

カウテールはPFDに装着しますが、ワンタッチで外れるよう装着用のベルトに工夫があります。

57

2-3-5 しぶき除け（スプレーカバー）

　しぶき除けやスプレーカバー Spray Cover は、カヤック内への浸水を防ぐカバーのことです。漕手があたかもスカートをはくように装着するためスプレースカート Spray Skirt とも呼びます。スプレーカバーは、カヤックに特徴的な装備であり、ダブルパドル同様、構造上必要な装備です。

　伝統的なカヤック（皮舟）では、スプレーカバーをカヤック側に固定することもありました。また、本来はカヤック用の上着であるアノラック Anorak やパーカ Parka の裾をカヤックに直接縛ってカバー兼用にすることもあり、グリーンランドではチュイリック Tuilik と呼ばれます。

　スプレーカバーを装着すると、カヤックと漕手は一体化し、あたかも下半身がカヤックになったかのようになります。伝統的なカヤックは骨組みと皮の構造体でしたから、漕手がコックピットに入ることは、まさに水上動物に変身することです。手と一体化したパドルがヒレとなり、カヤックは人を水上動物に変化させるのです。

　カヤックが転覆した際は、パドルを使って起きるエスキモーロールという技術を使いますが、カヤックから脱出する場合も多く、そのためにスプレーカバーを確実に外せる工夫があります。スプレーカバー先端部に手で掴める帯（グラブループ Grab Loop）があり、それを掴んで外します。外し方を事前に指導することは重要です。水中にいることをイメージさせ、あえて目をつぶって外せるよう指導することもあります。

　スプレーカバーには、漕艇席を保温する役割もあり、寒い時もカヤックは意外に快適なのです。逆に暑い時には熱がこもり、熱中症になる可能性もあるので注意し、スプレーカバーを外すよう指導することもあります。

　基本的には、穏やかな水面で指導しますからスプレーカバーを装着しなくても問題にならないこともあります。しかし、カヤックの指導が目的ですから着用させるべきでしょう。ただ、下半身が密閉されることで恐怖心を持つ受講者も中にはいますので、そういう場合は着用だけしてもらい、慣れてきたらカヤック側に装着させるといった指導上の工夫も必要でしょう。

スプレーカバーには、素材の違いがあります。カヌースクールで使用するのは廉価なナイロン製が多く、本格的にカヤックを楽しむ人たちは、より防水性に優れたネオプレン製を愛用することが多いようです。写真はナイロンのスプレーカバーです。先端にあるグラブループを持って装着しているところです。

2-3-6 排水具（ベイラー、淦汲み）

スプレーカバーを装着したカヤックには、ほとんど水は入ってきません。とはいえ、まったく水が入らないわけでもありません。もちろん、転覆して脱出した際には、大量に水が入ります。指導に使用するカヤックには、不沈構造が求められるため、カヤックが沈むことはないはずですが、転覆したカヤックは、起こしただけでは相当な量の水が残っており、非常に不安定な状態になっています。再乗艇しても、大量の水が安定性を損ない、またすぐに転覆してしまいます。

そこで、カヤックに必携の装備が排水具です。船から水を出すことはベイル Bail といい、排水具はベイラー Bailer という海事用語が使われます。船に浸水した水のことは、ビルジ Bilge やビルジウォーターです。ビルジとは、船底の湾曲部のことで、そこにたまる水という意味です。

日本語では、船に浸入した水は、淦（あか）といいます。淦を排水する道具は淦汲み（淦取り）です。船湯という呼び方もあます。船への浸水を忌み嫌うため、水ではなく淦や湯といった用語を使います。淦は仏に手向ける水である閼伽（あか）から転訛した言葉です。淦水と書く場合は「かんすい」と読みます。

淦を汲み出すために、カヤック用に開発されたビルジポンプは必携の装備です。手動ポンプが一般的で、カヤックに着座した状態で使えるよう、長さや構造に工夫があります。取っ手付きのペットボトルなどの底を切り取り、淦汲みに代用することもできますが、指導に際しては、カヤック用のビルジポンプを用意すべきでしょう。

また、ビルジスポンジと呼ばれる淦取り専用のスポンジもあります。コックピット内の水分は、ビルジスポンジを使えばほぼなくなり、やっかいな砂の浸入にも対処できます。もちろん普通のスポンジも使えますが、大きめのものが使いやすいでしょう。

ビルジポンプは手動のものが一般的ですが、目安として1分間で30リットル程度しか排水できないため、転覆したカヤックから排水するには、相当な回数のポンピングが必要になり体力を使います。スポンジにもカヤック専用のものが市販されています。

乾電池を使った携帯式電動ビルジポンプです。アメリカ製で1分間12リットルほどの排水量しかありませんが、体力を使わないため転覆の練習時などには有効でしょう。

2-3-7 指導員の身なり（服装）

　前述したように、指導員には相応しい身なりが必要です。受講者は、指導員の服装を観察し参考にするものです。指導員としての正装をしている意識を持つことも必要でしょう。防寒、防護対策が考慮され、スプレーカバーやPFDを着こなす指導員は、見た目にも頼もしく、言葉にはできない信頼感が醸し出されるはずです。

　服装に関する注意点は、濡れることによる体温低下を防ぎ、怪我に対する防護策を施していることです。季節によっては体温の上昇を防ぐ工夫も必要です。

　また、指導員の身なりに、あえて服装規定（ドレスコード Dress Code）をするなら、綿製品は着用しない、ということです。綿製品は、濡れてしまうとなかなか乾かず体温を奪います。風に晒されると、ますます体温が奪われます。

　身なりの基本は、下着（肌着、インナーウェア）と上着（アウターウェア）の組み合わせで、下着には化学繊維やウール、ネオプレン（合成ゴム、クロロプレンゴム）といった素材が適切です。防寒策として中着を着用することもあります。

　フードが付いたアノラックやパーカと呼ばれる防水上着は、伝統的なパドリングジャケット Paddling Jacket のことで、アノラックはグリーンランド語の Anooraaq が語源です。パーカはアリューシャン列島やアラスカでの呼び方で、ロシア語から転訛したようです。当時のカヤック着は、海獣類の腸などを縫製したものでした。

　パドリングジャケットには、防水と外気の遮断という役割がありますが、ゴム素材は発汗による蒸れで身体を冷やす場合があります。そこで、アウトドアウェアに一般的に使用されている防水透湿性 Waterproof Breathable の素材が使われます。

　下半身にも同様の下着と上穿き（パドリングパンツ Paddlinng Pants）を着用しますが、乗艇時はスプレーカバーによる保温効果があるため、外気と直接的に対峙する上半身よりは薄着でいられます。近年は、足元が濡れない防水ソックス付きのドライスーツ（防水つなぎ服）やパドリングパンツがあります。ただし、上陸した際には下半身も外気に晒されるため、上陸後に体温が低下することが考えられます。カヤックウェアは、あくまでもカヤック乗艇時の服装ですから上陸した際に冷えないよう心がけることも重要で、受講者にもそう指導します。

　ネオプレンのカヤックウェアを選択する場合は、カヤック漕ぎを前提にした裁断によって作られた製品を選びます。その際も、風による体温低下や、上陸時の冷えに対処できるウインドブレーカー Windbreaker と呼ばれる防風性のある上着が必要でしょう。

　水辺に行く場合、通常は足元が濡れてもいいようサンダル（草履）履きや、逆に濡れないようゴム製の長靴を履くことでしょう。しかし、カヤックの指導には足元の保護を考え、長靴はともかく普通のサンダルでは心もとないことは確かです。指導中は、必ず靴を履くべきです。靴はフットウェア Footwear であり、水に濡れることを前提にした靴をウォーターシューズ Water Shoes などと呼びます。

　カヤック用に開発されたウォーターシューズには、短靴、半長靴、長靴といった種類があります。ほとんどがネオプレン素材で作られ、靴底はゴム製です。スニーカーでも代用できますが、スニーカータイプのウォーターシューズもあります。スポーツサンダルも使

えますが、つま先と踵の保護が弱いことを理解しておきましょう。

　手の保護には、手袋（グローブ Gloves）が一般的ですが、パドルは手の延長であり、素手で握るのが基本です。手袋をすると、パドルの微妙な操作に影響が出ると感じることがあります。保温を考える場合は、ポギー Pogies と呼ばれる自転車やオートバイのハンドルカバーのような装備品があり、低温時には非常に有効な装備です。講習会では、掌に肉刺（まめ）ができるほど漕ぐことはないでしょうが、長距離の旅をでは使用することもあり個人装備として用意することはあります。

　頭の保護には、帽子を被ります。寒さ対策でもあり、熱中症対策でもあり、用途によって使い分けます。熱中症対策としての帽子には、縁のある帽子（ハット Hat）が有効です。ジュニア指導員がヘルメットを被るような状況で指導することはないでしょうが、急流や磯波の中ではカヤック用のヘルメットを被る場合があることを覚えておきます。

シーカヤッカーの冬の服装例です。（2008年瀬戸内カヤック横断隊）

体温で手を保温する防寒用のポギーをパドルに装着しています。

2-3-8 レスキュー（救援）装備

　指導員が用意すべきレスキュー Resque 装備には、ロープ、浮力体、レスキューナイフやカラビナ Carabiner などがあります。ここでいうレスキューは、救助というより救援を意味します。救助という言葉には、生命の危機に陥った人を助けるという意味合いが含まれますが、そういう事態に決して陥らないために指導員という存在があるわけです。転覆した際にも救助ではなく救援するのが指導員の役割です。

　ロープはスロウロープ（投げロープ）とトウロープ（曳航ロープ、引き綱、トウイングラインとも）に大別されます。スロウロープは、袋に収納されたロープで、陸上から袋を投げることでロープが目標まで届くよう工夫されています。転覆したカヤックから脱出（沈脱）した受講者を、陸上から救援するための装備です。投げるにはある程度練習が必要です。使い方にも注意すべき点があります（144 ページ参照）。

　スロウロープには、フローティングロープ Floating Rope（水に浮くロープ）のダイナミックロープ Dynamic Rope（伸び代のあるロープ）が使われており、消防の救助隊などが使用するスタティックロープ Static Rope（伸び率の低いロープ）を使った製品もあります。スロウロープは、流れている河川で使用される頻度が高いものです。

　トウロープは、カヤック曳航用として市販されているものを推奨します。スロウロープ同様のフローティングロープで袋に収納できるよう工夫されています。川では 2〜3 メートルほどの長さが使いやすく、海では 10 メートルほどの長さが必要でしょう。曳航する側にクイックリリース（素早く外す）できるような工夫があります。

　浮力体とは、転覆したカヤックに浸水しても沈没しないようデッキ内に挿入するエアーバッグ（フローテーションバッグ）のことです。また、セルフレスキュー（自己救援術）時に使用するパドルフロートも浮力体のひとつです。

　レスキューナイフは、ロープが絡んだ際にロープを切るためのもので波刃 Serrated Blade のものが一般的です。流れの中のロープレスキューでは、ロープが絡まる場合があり、PFD のポケットやナイフホルダーに装着しておきます。一般にレスキューナイフとは、事故車などからの脱出を考えたものが多いので、混同しないでください。

　カラビナは登山用具ですが、救助用の装備としても使用されています。語源はドイツ語で、アルミ合金製の製品が多く、D 型のカラビナは「D 環」と呼ばれたり、茄子型は茄子環（ナスカン）と呼ばれたりします。「環」に「鐶」という字を当てることもあります。強度は kgf（重量キログラム）や N（ニュートン）で表示されます。

　登山や救助用以外でも、キーホルダーやアクセサリーの固定といった簡易的な用途のために作られたものも多く、レスキュー装備としてカラビナを選択する場合は、強度に注意が必要です。海での使用は腐食が早いため、開閉部がワイヤー（ワイヤーゲート）のものやステンレス製を選択する場合もあります。

　また、曳航されるカヤックへのロープの固定は、カラビナを使ってワンタッチでできますが、ロープが張っているとすぐには外せないため、クイックリリースができるハイウェイマンズヒッチ Highwayman's Hitch と呼ばれる馬をつなぐための結び方を使うこともあります。

袋に収納された状態のスロウロープ Throw Rope です。収納するにはちょっとしたコツがあります。肩口からロープを垂らした状態で収納していきます。

トウロープ Tow Rope にも様々な種類が市販されています。トウロープは、水上にカヌーを係留する際に使うこともあります。

ワイヤーゲートのカラビナ Carabiner です。クライミング用の装備ですが、カヌーでも使用する場面が結構あります。

ナイフの携行に関して

レスキューナイフであっても、ナイフの携行にはかなりの制限があります。銃刀法（銃砲刀剣類所持等取締法）の第22条では、「何人も、業務その他正当な理由による場合を除いては、内閣府令で定めるところにより計った刃体の長さが6センチメートルをこえる刃物を携帯してはならない。ただし、内閣府令で定めるところにより計った刃体の長さが8センチメートル以下のはさみ若しくは折りたたみ式のナイフ又はこれらの刃物以外の刃物で、政令で定める種類又は形状のものについては、この限りでない」とあります。違反した場合は、2年以下の懲役または30万円以下の罰金とされています。

一般的なレスキューナイフ。

また、軽犯罪法の第1条2号には、「正当な理由がなくて刃物、鉄棒その他、人の生命を害し、又は人の身体に重大な害を加えるのに使用されるような器具を隠して携帯していた者は、拘留又は科料に処する」とあります。つまりナイフのような凶器になりうるものを隠し持っていることは禁止されています。

指導員が持つレスキューナイフも刃物ですから注意が必要です。カヤックから降り、ナイフを入れたままのPFDを着用して市街地を歩き回ったりすることはないと思いますが、ナイフの携行には気を使いましょう。飛行機で移動する際は、梱包して受託手荷物として預ける手荷物の中に入れておかねばなりません。

2-3-9 通信装備

　携帯電話の急速な普及によって無線による通信が簡便になったため、通信器具としては個人用の携帯電話が筆頭に上がります。携帯電話の端末は、陸上移動局という無線局であり、受信と送信ができるトランシーバーだということも理解しておきましょう。陸上移動局といっても河川や湖沼、それに準じる水域も陸上に含まれますので、指導する水域での使用に問題はありません。

　通信器具を装備する目的は、指導中の交信のためというより緊急事態に対処するためです。119番（消防）や118番（海上保安庁）、110番（警察）へ通報しなければならない事態になった時に有効な手段です。そのため、確実な防水性を確保し、充電状態には気を使います。予備電池から充電できる用意も必要でしょう。

　また、免許を要しない無線局として、日本独自の制度である特定小電力トランシーバー（無線電話用特定小電力無線局）を活用する方法もあります。また、2008年の電波法改正でデジタル簡易無線の登録局制度に特例が定められ、小電力の500倍もの出力（5W）がある免許不要の無線機が使えるようになりました。登録すれば使え、器具のレンタルも可能です。携帯電話の圏外ではかなり有効な通信手段です。

　指導員が、業務として無線を使うことはほとんどありませんが、複雑な無線通信の世界を学ぶためにアマチュア無線技士などの免許取得に関する学習は推奨できます。東日本大震災により、カヌー公認指導員の役割には防災意識の向上に寄与するという部分が生まれています。災害によって携帯電話が通じない状態になることは充分に考えられ、そのためにも無線通信に関する知識は必要でしょう。

　また、講習会で使う通信器具には、ホイッスル（警笛）があります。注意喚起をしたり、合図を送ったりするために使用します。ホイッスルはカヌー用として市販されている水に濡れても使用可能なものを選びましょう。PFDのポケットなどに落下防止の細引きなどで連結し、常備しておきます。

GPS受信機に衛星電話のイリジウム衛星へ送信機能が付いたガーミン社のinReachという機種。SOSも発信でき、世界中でカバーできるシステムが生まれています。

2-3-10 救急箱（ファーストエイドキット）

　受講者が怪我をするようなことは、あってはならないことですが、切り傷や打ち身といった程度の怪我を完全に防ぐこともできないものです。そういう事態に備え、応急手当用の備品などを入れた救急箱（ファーストエイドキット）は常備しておきます。

　ファーストエイド First Aid とは応急手当という意味ですが、日本では医師法との関係でかなり制限されています。応急手当には、怪我、火傷、溺水、熱中症、低体温症などに対する手当があり、止血法や傷病者の保温、楽な体位にさせることや、搬送法なども応急手当の範疇で、それらに対応する薬品や備品が救急箱には必要でしょう。

　また、2004年に厚生労働省から出された「非医療従事者による自動体外式除細動器（AED）の使用について」という通知によって、非医療従事者（一般市民）でもAEDによる医行為ができるようになりました。AEDの使用は一次救命処置（BLS：Basic Life Support）と呼ばれます。BLSには心臓マッサージ、人工呼吸に加え除細動が含まれ、心肺蘇生法（CPR：Cardiopulmonary Resuscitation）とも呼ばれます。救急箱には、BLSに使用する備品も必要となります。

　たまたま救急現場に居合わせた人（発見者、同伴者）は、バイスタンダー Bystander と呼ばれ、AEDを使って救命処置をしても、その処置をその後も反復継続して行うことはないため、医師法違反にはなりません。ただ、バイスタンダーであっても業務の内容や活動領域の性格から一定の頻度で心停止者に対し応急の対応をすることが期待、想定されている者は、4つの条件を満たす必要があると厚労省の通知にあります。

　カヌー指導員は、受講者が心停止状態になることはないという前提で講習を行っていますが、想定だけはしなければなりません。また、カヌー指導は日本社会ではまだ特別な講習であると思われる可能性もあり、一定の頻度で心停止者に対応すべき指導であると判断される可能性もあります。そう判断された場合、医師法違反とならない4つの条件を満たしていることが必要になります。

　その条件とは、医師等を探す努力をしても見つからない等、医師等による速やかな対応を得ることが困難であること。AEDの使用者が対象者の意識、呼吸がないことを確認していること。AED使用者が使用に必要な講習を受けていること。使用されるAEDが医療器具として薬事法上の承認を受けていることです。これらの条件を満たすために、指導員には普通救命講習の修了証の提出を予め求めています。

　日本においても非医療従事者による応急手当にBLSが加わり、一般市民にも対応が求められるような時代になりつつあります。また、東日本大震災を経験し、日本全体が変革しようとしている時代にあって、カヌー指導員の役割には、市民の防災意識の向上に貢献することが期待されます。

　講習会にAEDを用意する必要まではありませんが、近隣にあるAED設置場所の確認は事前に行うべきでしょう。もちろん、地元の消防などとの日頃からの連絡関係も必要でしょう。次のページには、救急箱に入れておくべき内容品の一例が示してあります。カヤックで携行すべきものと、講習会場で用意すべきものを区別して一応リストアップしてあります。

● ファーストエイドキットの例

指導員が携行すべきもの	□ 消毒薬 □ 傷用薬（液体、粉末、軟膏） □ 判創膏（各種サイズ） □ 包帯 □ 三角巾2枚 □ 布テープ □ 脱脂綿 □ ポイズンリムーバー（毒素吸引器） □ 痛み止め錠剤 □ はさみ □ 毛抜き □ ピンセット □ 綿棒 □ 人工呼吸用の感染予防具（レサシエイド等） □ 防水バッグや防水ケース（カヤックに積載できるもの） □ 小分けできるビニール袋 □ ノート、筆記具（事故後の対応をつけておく）
講習会の団体装備として用意すべきもの	□ 滅菌ガーゼ □ テーピング □ 冷シップもしくはコールドスプレー □ 虫刺され、湿疹用軟膏 □ 風邪薬 □ 腹痛薬 □ 目薬 □ 鎮痛剤 □ 打ち身用軟膏 □ 体温計 □ サバイバルシート □ 爪きり □ サランラップ（切除部分の保管冷却移送時使用） □ 船酔い止め □ 使い捨てカイロ □ 寝袋（低体温症への備え）

2-3-11 その他、必要とされる装備

　指導員に必要な装備には、他にも装備が破損した場合の応急修理に対応する工具類、ガムテープがあり、ヘルメットや時計、水筒、ライターなども必要でしょう。

　指導員に必要な手動工具（ハンドツール）は、使用するカヤックの種類で異なりますが、携行を考えると汎用性の高いマルチ工具を選択の基準にするのがいいでしょう。手動工具の主な機能は、掴む、回す、切る、叩くです。掴む工具はプライヤー（ペンチ）、回す工具はネジ回し（スクリュードライバー）、切る道具はニッパー（針金切り）などに代表されます。

　ロッキングプライヤーの代名詞であるバイスグリップなどは、掴む、回す、それに針金サイズなら切ることもできます。スイスアーミーナイフに代表される、いわゆる十徳ナイフなどもマルチ工具の一種で、プライヤー機能があるものもあります。

　ガムテープの類も応急修理には欠かせません。アメリカでは一般的な、ポリエチレンコートされたダクトテープ Duct Tape（ダックテープ Duck Tape とも）は、軍需用品として開発されたもので、カヤックの応急修理にもよく使われます。

　カヌー用のヘルメットが必要な場面は、急流域や砕破帯に対応する際です。ジュニア指導員が行う指導水域ではありませんが、用意することについては、やぶさかではありません。

　防水の腕時計も必要な装備でしょう。もちろん時計は時刻を知るための計器ですが、時計には経度を測定するためのクロノメーター Chronometer（経線儀）だったという歴史があります。また、アナログ式時計は太陽と短針との関係で、おおよその方位が確認できる簡易方位計であることも覚えておきましょう。

　水上に出る際には、飲料水を必ず携行するはずです。そのため水筒やペットボトルの類が必携となります。また、火を熾すためのライターも必要でしょう。日本人の喫煙率は年々減少していますが、それに伴ってライターを持たない人が増えています。しかし、カヌースポーツはアウトドア活動ですから、ライターは暖を取るための点火器であると考え、携行してください。

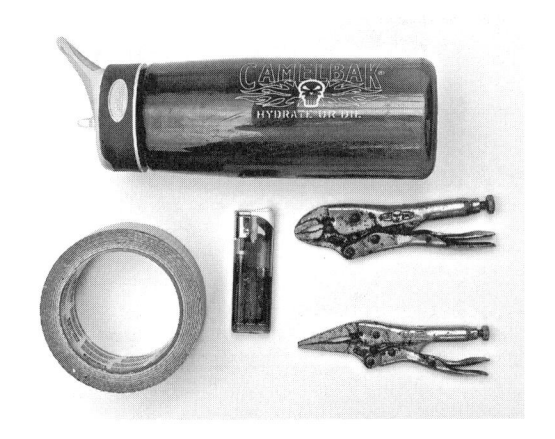

工具類や水筒、ライターなども重要な装備です。　　　　アナログ式の防水腕時計。

装備品チェックリスト

	ジュニア指導員	受講者に対して
点検項目	☐ カヤックの点検 ☐ パドルの点検 ☐ PFDの点検 ☐ スプレーカバーの点検	☐ カヤックの点検 ☐ パドルの点検 ☐ PFDの点検 ☐ スプレーカバーの点検
安全装備	☐ ビルジポンプ ☐ ビルジスポンジ ☐ カヤック用浮力体 ☐ ホイッスル ☐ 水筒類（飲料水） ☐ 腕時計	☐ ビルジポンプ ☐ ビルジスポンジ ☐ カヤック用浮力体 ☐ ホイッスル ☐ 水筒類（飲料水）
救援装備	☐ スロウロープ ☐ トウロープ ☐ カウテール ☐ パドルフロート ☐ レスキューナイフ ☐ カラビナ	☐ パドルフロート
服装	☐ パドリングジャケット ☐ パドリングパンツ ☐ 速乾性アンダーウェア ☐ 防寒用中間着 ☐ パドリングシューズ ☐ グローブ類 ☐ 帽子（ヘルメット）	☐ パドリングジャケット（雨具） ☐ パドリングパンツ（雨具） ☐ 速乾性アンダーウェア ☐ 防寒用中間着 ☐ パドリングシューズ（運動靴）
救急装備	☐ 携帯電話（防水仕様） ☐ ファーストエイドキット ☐ 工具類 ☐ ダクトテープ（ガムテープ） ☐ ライター	

2-4-1 漕法（パドリング）用語の日本語化

　カヤックのパドルは、ダブルパドルと略して呼ばれることも多く、シャフトの両端に水掻きブレードがあるのが特徴ですが、これらパドルやシャフト、ブレードなどの用語は外来語です。日本語に置き換えると、パドルは櫂でありシャフトは柄です。ブレードは刃やプロペラの羽根などを意味し、水を掻く刃ですから水刃と表現していいと思います。ダブルパドルには2つの水刃がありますから、双刃の櫂となります。

　カヌー用語の日本語化は、日本におけるカヌー文化の普及には大事なことです。指導するにあたって、外来語を多用すると瞬間的に理解できないことが想定され、その理解不足が安全性に影響を与えることがあります。

　特に漕法（パドリング）に関して、指導する際に外来語を使用すると現場で混乱が起こる可能性があります。外来語であっても一般的になっている場合は、さほど問題はありませんが、聞き慣れない外来語は後々誤解となる原因になります。

　例えば、カヌーの針路を曲げる（変針）漕ぎ方を、英語ではスウィープストロークSweep Strokeと呼びます。ストロークはかなり一般的な外来語ですが、スウィープはどうでしょう。スウィープは掃除をするとか掃くという意味です。ほうきで床を掃く行為に似ているのでそういう用語になったのでしょう。しかし、掃除機が普及した現在、ほうきで畳や床を掃くことは少なくなり、掃くという行為の理解が難しい状況もあるようです。スウィープをスリープと勘違いした実例もあります。

　帆船やヨットの専門用語にも同じような問題があります。例えばヨットを風上に向けて走らせるにはジグザグに針路を取って進ませますが、それをタッキングTackingと呼びます。でも即座に意味が分かるでしょうか。日本語ではこれを「間切る」といいます。これだと、風上に向けて切るように走る感じが何となく分かります。

　間切る場合、船首を風上側に回すことを上手回し、風下側に回す場合は下手回しと呼びます。下手回しは、今のヨットの構造上ほとんど使われませんが、相撲の決まり手のような用語が実際にあるのです。こういう用語がありながら、今はすっかり死語になっています。初めての体験で、意味の分からない外来語をいきなり多用されると、楽しもうと張り切る人たちの気を削いでしまうことにもなりかねません。

　外来語が多用されると、そのスポーツへの敷居が高くなることもあります。ベースボールが「野球」として一般的になっているのは、試合の面白さもあるでしょうが、野球という日本語が、日本式ベースボールだというような誇りにつながっているからかもしれません。投手や捕手、二塁打、三遊間などのように野球用語は日本語も多用します。ショートは遊撃手ですが、本来の英語ではShortstopです。

　こういう例からも、カヌー用語をなるべく日本語化することは、カヌースポーツの普及に有効なことだと思われます。特に日本の伝統を踏まえると、日本語の船舶用語や操船用語が死語になりつつあることから、カヌー用語によって用語面から舟を漕ぐ文化の再興が行えることも考えられます。日本には世界に誇るべきカヌー文化が存在していたという証として、カヌー用語の日本語化は大事だと思います。カヌー文化は、日本文化のひとつなのですから。

2-4-2 パドル（双刃櫂）の持ち方

　カヤックの推進力を生む双刃櫂は、カヤック以外にはない特徴的な推進具です。パドル（櫂）はオール（橈）と区別されるものなので、日本語化しているパドルと呼ぶ方が現実には多いものです。パドルは両手で握りますが、肩幅より少し広い感覚の幅で握ります。握ったまま柄（シャフト）を頭の上に乗せて、その時の両腕の肘の角度が90度より少し狭い程度が目安でしょうか。漕ぎに慣れてくると、自分なりの握りの位置が分かってきます。また、水刃には表面と裏面があることも伝えます。

　前述したように、パドルには水刃面の角度が左右で違うフェザーリングしたものと、角度が同じアンフェザー（フェザーリングしない）の水刃があります。フェザーは羽毛のことですが、ボート競技のオールを水平に抜き返す技術を意味します。カヤックがカヌー競技になり、それ以前からあったボート競技の技術をカヤックに取り入れたのが、こういった表現の始まりなのでしょう。

　また、水刃をブレードと呼ぶことから、プロペラの原理を応用したものとも考えられます。竹とんぼの羽根を考えると分かります。

　伝統的なパドルはアンフェザーですが、そう呼ぶのは、近代カヌーが盛んになったが故に伝統を振り返ることを忘れないためです。水刃の幅も、伝統的なパドルは非常に細い（ナローブレード Narrow Brade）のです。

　フェザーブレードで水を掻く（キャッチ Catch する）際、右手は固定しますが、左手は水刃を捻るために握り（グリップ Grip）を滑らすことになります。本来、右利きの人の場合は右手固定、左利きの人は左手固定だったようですが、今は左手固定をほとんど教えません。

ナローパドルをアンフェザーで漕いでいます。握りが強くないことが分かります。

2-4-3 漕ぎの構え（パドリングポジション）

　カヤックに乗り込んだら、漕ぐために最適な構えや姿勢 Paddling Position を取らねばなりません。足先の位置や膝の位置、座板や背もたれ（バックレスト）などの位置がぴたりと合っていなければ、漕ぎに大きく影響します。

　足掛け（フットレスト）の位置は、前後に移動できる場合が多いので、足首の曲がりが窮屈でもなく、また伸びてもいない位置に合わせます。膝は甲板（デッキ）の裏側に軽く押し付けるので少しガニ股になります。背もたれは立った状態にします。そうしないと力が入りません。前のめり気味と感じる程度がちょうどいいはずです。その位置だと背もたれに力がかけられます。背もたれが寝ていると力が入りません。

　着座位置が決まったら、着用しているスプレーカバー（しぶき除け）を漕艇席の枠に装着します。要領は、後から前、そして横という順番です。カバーの前部にあるグラブループ（掴み帯）を外に出して装着することを忘れないよう指導します。万一転覆した際に慌てないよう、目をつぶってスプレーカバーを外せるように練習させてもいいでしょう。

　下半身の位置が決まりスプレーカバーが装着された段階で、カヤックと人は一体になります。膝の押しつけ（ニーリフト Knee Lift）でカヤックを揺らすこともできます。下半身がカヤックになり、水上を自由に移動できる哺乳動物が誕生した瞬間です。

　もちろん初めての体験で一体感までは生まれないでしょうが、訓練によってそうなることを説明してもいいでしょう。最初はこの一体感が、逆に密閉された感覚になり、少し怖い気持ちになる人もいますから、丁寧に説明することが大切です。

ツーリング中の一コマ。構えがしっかりしているので、リラックスして行動食を食べています。

2-4-4　カヤックへの乗り降り

　カヤックは、舟としては異常といえるほど細長い形をしています。だからこそ双刃のパドルで漕ぐことができるわけです。舟幅があると両舷を漕ぐことが困難になってしまいます。しかし、幅が細いということは横方向に不安定だということです。したがって、浮いた状態で足先からカヤックに乗り込むとすぐに転覆します。

　多くの場合、カヤックへの乗り込みは、砂浜など斜面になった陸と水面の境界で行います。前半分を水面に入れ、後半分は陸に残した状態という意味です。

　乗り込みの基本は、まずお尻の方から漕艇席（コックピット）に着座し、足は後から入れるようにします。そうすれば浮いた状態であっても安定しています。パドルで漕艇席の後ろ甲板（デッキ）の部分を押えながら乗り込むように指導する場合もあります。そうすると、より安定して乗り込めるからです。

　乗り込んだら、片手に持ったパドルの先端と反対の手を使ってカヤックを少し浮かせ気味にし、滑らせて水面に浮かびます。浮かんだらすぐに漕ぎ始めるのが肝心なことです。カヤックはきちんと漕がないと転覆する可能性があります。逆にきちんと漕げば転覆することはありません。

　カヤックから降りる時は、当然ですが陸に上がる時です。水際まで強く漕ぎ、カヤックをなるべく陸の斜面に乗り上げてから降ります。そうすれば、乗り込む時のように安定した状態で降りられるからです。降りる時は、逆に足を先に出して降ります。

　カヤックで水面に浮かぶということは、陸域と水域との境界を越えることです。その境界線を越えるという意識を、指導員は伝えてください。

カヤックへの基本的な乗り込み方を陸上で教わっています。お尻から乗り込むのが要領です。

2-4-5 前漕ぎ（フォワードストローク）

　カヤック漕ぎの基本は、前に進むための漕ぎです。フォワードストローク Forward Stroke と呼びますが、前漕ぎと呼ぶ方が分かりやすいでしょう。前漕ぎは、水刃の表面（パワーフェイス）を使います。水刃には表面と裏面（バックフェイス）があります。より漕ぐ力を伝える形状をしているのが表面です。大まかな表現をするとスプーンの表裏のようなものです。実際、競技用のパドルなどにはスプーンパドルと呼ばれる、極端な形状のものさえあります。

　また水刃の面が、柄（シャフト）を軸にして非対称なパドルもあります。最近はほとんどのパドルがそうなりました。カヤックの着座位置は低いので、どうしても水刃は斜めに水中に入ります。斜めに入っても軸がぶれないよう非対称にしてあるのです。軸を境に面積が大きい方が上になります。ただ、伝統的なパドルの水刃は細身（ナローブレード Narrow Blade）で対称形をしています。細身であるために、ぶれないからです。

　前漕ぎの要領は、言葉の説明だけでは理解しにくいので、まずは自然に漕ぐことを体験してもらいます。前漕ぎは歩くような感覚に近く、基本的に人の自然な動きなので、前に進もうと思って漕げばカヤックは前進します。ただ、膝の押し付けや胴体の捻り（ボディローテーション Body Rotation）を加えることは、助言します。

　子供たちは、教わらなくても自然に前漕ぎをやるものです。あれこれ説明するより、まずは体験させてから助言した方が効率はいいと思われますので、多少の要領を伝えてから水面へ導くのがいいでしょう。

　前漕ぎは推進力を生みますが、同時にカヤックを支えます。漕ぐ度に水刃がカヤックを支えているのです。だからこそ、漕いでいる限りカヤックは転覆しないのです。

① ②

③ ④

　前漕ぎは、奥深い技術です。流れや波の中でも、一漕ぎ一漕ぎ確実に水を掴むことが大切です。身体全体で漕いでいることが実感できると、自分なりの漕ぎ方が身に付いています。

2-4-6 停止動作（ストッピング）

　前漕ぎによってカヤックは走り始めますが、漕ぎを止めるとカヤックは自然に停止します。とはいえ、意識的に停止することも訓練しなければなりません。前進するカヤックを停止させるには、やはりパドルを使います。
　停止動作 Stopping は、水刃の裏面（バックフェイス）を使います。前漕ぎの持ち方のまま、前に進む勢いを止めるよう、水刃を水中に差し込みます。左右交互に繰り返して停止させます。片側だけしか行わないとカヤックが旋回してしまいます。もちろん、片側だけの停止動作でカヤックを意識的に回転させる技術もありますが、まっすぐ停止したい時は、左右交互に停止動作をします。
　停止動作も、頭で考えるものではなく自然に行えるものです。初めての体験であっても、人はパドルを使って自然に停止しようとするものです。人の動きに対してカヤックが優しいということが、そんな点からも理解できます。
　急激に停止したい時であっても、水刃の裏面を使うことに変わりはありません。もちろん強く停止動作を行いますから、力もそれ相当に入れます。
　この停止動作が、次の後ろ漕ぎの動きにつながっています。パドルの動きは一連の動作の中で行われています。前述したように、前漕ぎをしながらカヤックを支えているということは、意外に理解できないことなのです。だからこそ、漕法の技術を細かく区切って説明する必要があります。
　停止動作ができれば、次は後ろに漕ぐ訓練をします。これがカヌー漕法の基礎段階です。前漕ぎ、停止、後ろ漕ぎがひとつのセットになります。

＊左右交互に小刻みな後ろ漕ぎを入れる要領です

カヤックを停止させています。水刃の裏面を使い、両側で押えるとまっすぐな状態で停止します。水刃の裏面を使うことが大事です。

2-4-7 後ろ漕ぎ（リバースストローク）

　前漕ぎから停止することができたら、後ろへ下がる漕ぎが必要になることも必然的に理解します。後進するための後ろ漕ぎは、英語だとリバース Reverse ストロークですが、何かにぶつかりそうになった時に、いきなり「リバース！」といわれてもピンとこないことがあります。自動車で後進する時なども、一般的にはリバースじゃなくバックするといいますから、和洋折衷でバック漕ぎでもいいかもしれません。

　後ろ漕ぎは、停止動作と同じように水刃の裏面を使います。表面に返す必要はありません。後ろ漕ぎをするとカヤックが不安定になるので、カヤックを少し支えるような感覚で漕ぎます。この支えの感覚が裏面を使う理由です。

　もちろん後進するのですから、後を振り返りながら行います。上半身を捻って振り返りますから、身体が柔らかいことが求められます。

　最初のうちは、転覆するような気がして、後を振り向けない人もいます。カヤックが不安定に感じるからです。きちんと水をとらえていれば支えになりますから、訓練していくと徐々に振り返れるようになります。

　後ろ漕ぎは、水刃の裏面を使った漕ぎですが、パドルというのは、水刃の表面と裏面しか使うことができません。つまり前漕ぎと後ろ漕ぎが充分にできれば、他の漕ぎ方はその変形、バリエーションだということが分かります。

　不安なく前漕ぎと後ろ漕ぎができるようになれば、カヌー漕法の基礎段階は会得したことになりますから、最初のパドリング訓練は、前進と停止、そして後進を繰り返すことがいいでしょう。

① ② ③ ④

後ろ漕ぎをしています。停止する時と同じように水刃の裏面を使っています。イラストは模式図ですが、必ず後ろを向きながら後進しましょう。

2-4-8 曲げ漕ぎ（スウィープストローク）

　カヤックの種類や性格によっては、曲がりにくいカヤックもあれば、すぐに回転してしまうカヤックもあります。ジュニア段階で使用するカヤックは、割と直進性の高いカヤックを使用すると考えられますから、曲げ漕ぎも必要になります。

　スウィープ Sweep は、前述したように掃くという意味です。床を掃くように、水面近くを漕ぐからです。前漕ぎは水刃を深く水中に差し込みますが、曲げ漕ぎは、水の表面近くを漕ぎます。前漕ぎとほとんど変わらないように感じますが、曲げ漕ぎをしながら意識的にカヤックを傾けています。

　進んでいるカヤックは、意識的に傾けることで曲がっていきます。普通、船は簡単には傾きませんが、カヤックは細長いのですぐに傾けることができます。要は傾けることを前提にした構造になっているのです。

　なぜ曲がるのかというと、傾けることで水に接する舟底の形状が変わるからです。首尾線のあるカヤックは、前進しながら右に傾けるとカヤックは左に曲がり、左に傾ければ右に曲がります。したがって傾けることに加えて、曲げ漕ぎはそれを補足するのです。

　また、停止した状態でカヤックを旋回させる時も曲げ漕ぎを行います。やはり傾けることでより速く旋回します。つまり、曲げ漕ぎの段階になるとカヤックを意識的に傾ける訓練が加わります。この傾ける動作をＪリーン J Lean（Ｊの字傾斜）と呼んだりします。逆に傾き過ぎたカヤックを起こす動作もあり、お尻でカヤックを起こす感じなので、ヒップフリック Hip Flick（尻弾き）と呼びます。フリックは弾くという意味で、弾くように起こすという表現になるわけです。

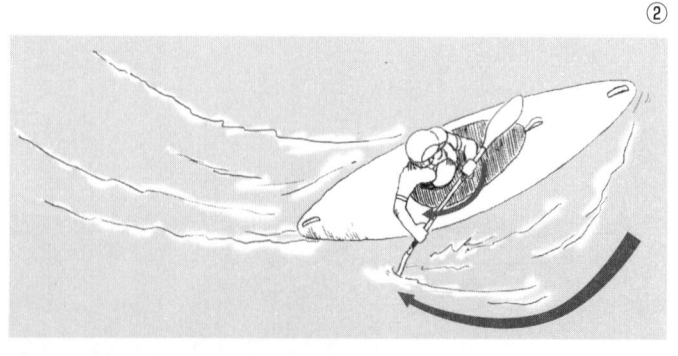

曲げ漕ぎのイメージ図です。この場合、カヤックを右に傾けると、より素早く旋回していきます。カヤックを傾ける動作が、曲げ漕ぎには加わります。

2-4-9 後ろ曲げ漕ぎ（リバーススウィープストローク）

　後ろ漕ぎで、曲げ漕ぎをやる場合です。後進しながら曲げるのではなく、停止した状態で曲げ漕ぎをします。この漕法は、曲げ漕ぎと組み合せてカヤックを定位置で回転させる際に用います。

　例えば左で曲げ漕ぎ、右で後ろ曲げ漕ぎをすれば、カヤックは右に旋回します。数回続けると、その場でカヤックは一回転します。逆の組み合せでは、カヤックが左に旋回していきます。

　後ろ曲げ漕ぎは、停止状態の曲げ漕ぎも同様ですが、パドルで半円を描くように水面近くを漕ぐのがコツです。前漕ぎや後ろ漕ぎと違うのはその点で、最後まで半円を描き切るのが要領です。そして半円を描きつつカヤックは漕ぐ側に傾けます。曲げ漕ぎは曲がる方の反対側に傾けますが、後ろ曲げ漕ぎは曲がる側にカヤックを傾けるのが違いです。

　水面近くを漕ぐことで、傾いたカヤックを水刃で支えながら動くことになり、慣れてくると極端に傾けながら旋回できます。この動きは、後述する一連の押え漕ぎなどにつながっていきます。

　ジュニアの段階で2人乗り（タンデム Tandem）カヤックを使うことは稀でしょうが、2人乗りのカヤックでは、前の漕手が曲げ漕ぎ、後の漕手が後ろ曲げ漕ぎを同時に行うことで、長い2人乗りカヤックをその場で一回転させることもできます。

　こういう訓練を通して、漕ぐ際の手首の動きや肘の使い方などを自然に学んでいきます。本当にちょっとした動作の違いでパドリングは見違えるほど変化します。そこがカヤック漕法の面白さです。

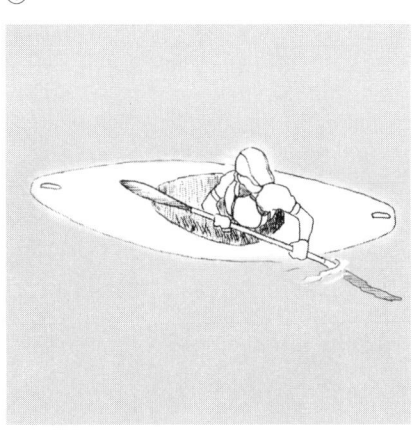

①　　　　　　　　　　　　②

後ろ曲げ漕ぎは、停止した状態で行います。半円を描くように、水面近くを漕ぎます。カヤックを漕ぐ側に傾けると、よりスムーズに旋回します。

2-4-10　横漕ぎ（ドローストローク）

　カヤックは、前進、後進だけではなく横進、つまり横方向にも進めることができる舟です。ほとんど真横に進めることができます。岸壁などに接岸する時や、仲間のカヤックに横付けする時など、横方向へ動きたい状況は結構あるものです。

　横漕ぎは、ドローストローク Draw Stroke です。ドローとは、デッサンや製図などで線を引くことや、試合を引き分けるという意味です。要は引くということです。英語だと引き漕ぎになるわけですが、動きとしては横方向に進むためですから、横漕ぎの方が分かりやすいでしょう。

　横漕ぎは、まず上半身を横に向け、横方向のなるべく遠くにパドルを差し、手前に引いてきます。その部分が引き漕ぎになりますが、最初は非常に不安定な状態になります。慣れてくるとカヤックを思いっきり傾け、目一杯遠くの水をつかみ、手前に引いてこられるようになります。すると素早く横方向にカヤックは進みます。

　肝心なのは、手前まで引いてきた際、いかに水刃を抜くかです。水を切るように前後方向に抜くこともありますが、水刃を水中に入れたまま手首を返し、水を切りながら素早く戻し、再び引くことでスムーズな横漕ぎができるようになります。カヤックの傾きも、引いてくるにしたがって起き上がってきます。この訓練をするにあたっては、転覆するケースが多いことも頭に入れておきましょう。

　また、前漕ぎをしながら、漕ぎの後半で手前に引くこともあります。それも横漕ぎですが、その際は引き漕ぎに近い感覚です。狭い水路などで針路を修正する時に使うことが多いものです。

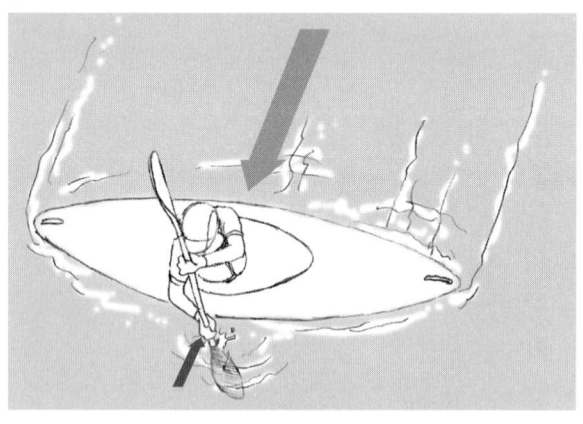

①　②

カヤックを横に進ませています。水をしっかり押えていれば転覆することはありませんが、練習を開始した直後は、押えができずに転覆することがあります。

2-4-11 横８の字漕ぎ（スカリング）

　横漕ぎのさらなるバリエーションです。パドルを横に入れ、８の字を描くように動かすので横８の字漕ぎですが、英語ではスカリングドローストローク Sculling Draw Stroke といいます。スカリングとは、ボート競技のスカル Scull からきた言葉ですが、日本の伝統的な艪漕ぎのことも意味するようです。スカルという言葉の語源は分からないようですが、推進するための往復運動を意味しているように思います。

　ボート競技のスカルは１人で左右２本のスカルオールを使って漕ぎます。エイトやフォアは１人で１本のスウィープオールを使って片側をそれぞれが漕いでいるという違いがあります。

　スカルは、左右２本のオールを前後方向に往復運動をさせますが、スカリングは日本でいう艫櫂（ともがい、船尾で左右に櫂を漕いで進む）の動作からきたようです。艫櫂は練り櫂とも呼ばれます。粉を練るような漕ぎ方です。艫櫂には舵の役目もあります。また、艪（ろ）は櫂とは根本的な構造が違います。艪漕ぎは水中に櫓脚を入れたまま左右に往復運動をしますが、揚力を発生させる構造によって前進します。

　カヤックのスカリングは、艪漕ぎとは逆に進みます。つまり漕ぐ側へ横移動します。なぜなら水刃の表面を手前側に向けて漕ぐからです。すると、カヤックを引き寄せるような感じで横に動かせます。

　スカリングができるようになると、手首の返しなどの動きが滑らかになっています。横８の字漕ぎの水刃面をさらに寝かせると、カヤックを傾けた状態で安定させる８の字押え（スカリングブレイス）という押え漕ぎになります。

８の字を描くように漕ぐのがスカリングですが、この漕ぎ方を習得すると、手首の返し方と水刃の関係が分かってきます。

2-4-12 艫当て舵（スターンラダー）

　艫（とも）というのは、船舶用語であり船尾という意味です。英語ではスターン Stern です。カヤックが前進していれば、パドルの水刃を使って方向を修正することができます。カヤックの船尾近くの左右どちらかに水刃を差し、舵の役割をさせるので舵を意味するラダー Rudder という表現を使い、往々にしてパドルによる当て舵を取る際に活用しますので、艫当て舵 Stern Rudder です。

　ちなみに船首のことは舳先ですが、艫に対応して舳と１字で書く場合もあります。また、艫を「ろ」と読むと、船首を意味する場合があります。これはカヌー、丸木舟の時代に船首と船尾の区別がなかったことの名残かもしれません。舳と書いて「みよし」や「みおし」とも読みます。こちらは、和船の船首材である水押のことです。

　前進中に艫当て舵を右後方に入れると、カヤックは右に曲がります。水刃は裏面を外側に向けますから後ろ漕ぎをする感じになります。この要領で、真後ろ（真艫、まとも）からの追い風や追い波でカヤックが左右に振られる時の修正にも使います。

　艫当て舵を強く入れ過ぎると、カヤックの速度は落ちていきますが、あえて強く入れて旋回するきっかけにすることもあります。横漕ぎの項で、引き漕ぎに近いと表現した漕ぎとは逆の針路修正法です。こちらの方が日常的に使用します。

　艫当て舵は、カヤックによる波乗り（サーフィン）をする際にも多用します。川の流れの中でも多用しています。海用のシーカヤックなどには、舵が装備されたカヤックもありますが、基本的にカヤックは漕ぎ方によって針路を変えるものです。その上で装備された舵を使用します。

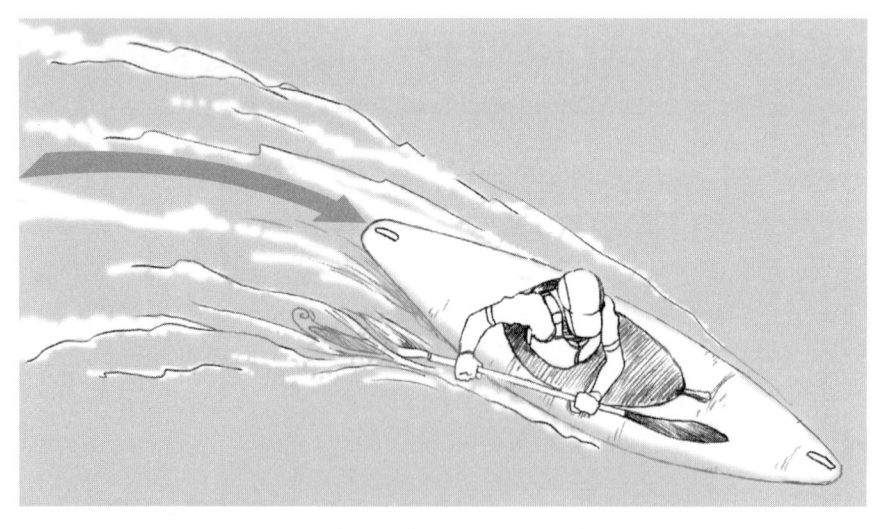

カヤックが進んでいる時は、パドルで舵を取ります。パドルは推進具ですが、舵の役割もすることが分かります。

2-4-13 下手押え回し（ロウブレイスターン）

　これもカヤックを旋回させる技術です。艫当て舵より急激に曲がりたい時に使用します。ロウ Low は低いという意味で、ブレイス Brace は踏ん張る、支えるといった意味です。パドルを下手方向に踏ん張ってカヤック支えながら回す（ターン Turn）のが、下手押え回し Low Brace Turn になります。

　後述しますが、パドルを使ってカヤックを押えたり支えたりする技術があります。下手押えは、そこで説明します。

　艫当て舵でカヤックを曲げながら、さらに下手押え回しで旋回します。カヤックが走っているので傾けても安定しています。旋回し終えたら傾きを戻します。後ろ曲げ漕ぎに近いのですが、前進しながら行うため少々状況が違います。これを停止した状態でやると、下手押え曲げ（Sweeping Low Brace）という技術になります。

　このように漕法を細かく区別して覚えると、実際に訓練する際により理解しやすいと思います。ある意味、これらの技術に名前を付けて遊んでいるように思われるかもしれませんが、そこがカヌースポーツたる所以です。しかも日本語化することで、相撲の決まり手や柔道の技のような雰囲気になります。カヌースポーツが身近になることを願っているからこその表現です。

　これら漕法の技術は、それこそ「わざ」です。技も術もどちらも「わざ」と読み、業という字もあります。芸もわざであることから、漕法の技術は、それが昇華していくと芸術やアートになっていくものでしょう。そして旅をすることにより、これらの技術はさらに活かされます。

下手押え回しを覚えると、パドルがさらに安定具であることが分かります。パドルは推進、舵、安定という3つの役割があるということです。

2-4-14　外傾（内傾）曲げ（カーブドターン）

　これは漕法というより訓練用の技術といっていいかもしれません。進んでいるカヤックを、ただ傾ける（リーン Lean）ことで針路が変わっていくことを実感するために行う動作です。普通は、曲げ漕ぎを併用しながら傾けています。

　カーブドターン Carved Turn のカーブは、曲線を意味するカーブ Curve ではなく、刻むとか彫刻することを意味するカーブ Carve からの Carved です。カービングと書けば、日本語化しているので分かると思います。

　刻む方のカーブには、他にも針路などを切り開くという意味があります。したがってカーブドターンは、針路を切り開く旋回です。舟底が平らなリバーカヤックなどは、オートバイでターンするのと同様に傾けた方、つまり旋回円の内側に曲がっていきます。傾けた側に抵抗が増えるからです。しかし、キールライン Keel Line（キール線、首尾線）があるシーカヤックなどは逆に傾けます。傾けることで、舟底の形状が変化するため、外傾曲げになります。左（右）に針路を取る場合は、右（左）に傾けて曲がるわけです（前後の重心位置によって外傾から内傾に変化する場合もあります）。また、カーブドターンは、エッジング Edging ともいいます。

　外来語の問題は、こういう場合に端的に現れます。英語で理解している人は、針路を切り開くという意味で使っているのに、日本語では曲線の意味のカーブと理解してしまうことで誤解が生じます。そうなると、意味合いが変わってしまいます。

　このようにカヤック漕法は、パドルの使い方とカヤック自体の動きとを組み合せて行っています。漕手は腕や上半身だけを使っているわけではありません。腰から下は見えませんが、足先、膝の押し付け、尻の位置、座席の背などでカヤックと漕手は分かち難く一体化しており、力を加えることでカヤックはあたかも自分の下半身のように動くようになるのです。

リバーカヤックなどの平坦なボトムのカヤック　　　　シーカヤックなどのキールラインのあるカヤック

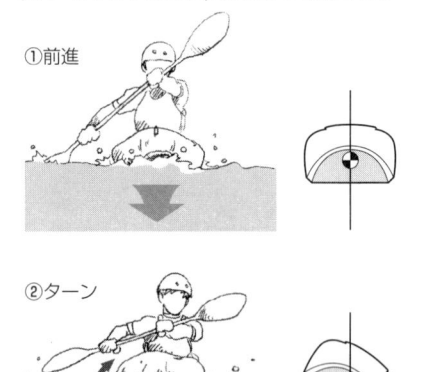

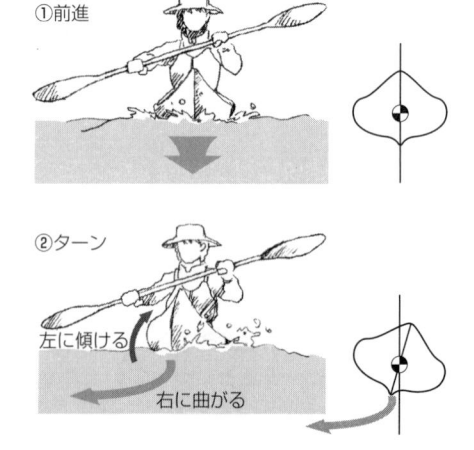

①前進

②ターン
左に傾ける
左に曲がる

①前進

②ターン
左に傾ける
右に曲がる

カヤックを進めながら傾けると、カヤックの針路が変わります。その曲がり方で、カヤックの特性が分かります。特に舟底の形状が影響します。

2-4-15　おもて舵（バウラダー）

　カヤックの舳は、おもて（バウ Bow）ともいいます。パドルを使って舳側で舵を取ることもあり、それをおもて舵（バウラダー Bow Rudder）と呼びます。おもて舵は、艫当て舵のような針路の修正を主眼にしているのではなく、旋回することが目的で、当て舵という感覚ではありません。カヌーのスラローム競技では多用します。

　舵は、櫂や艪などの推進具も意味します。梶、楫といった漢字も当てられます。櫂や艪、パドルもそうですが、水を掻くだけでなく、旋回や針路修正にも活用されるからです。船舶の船尾に装備されている舵は、正確には舵板で、それがラダーです。その舵板を動かす小型ヨットなどの舵柄（ティラー Tiller）や、船の舵輪（ステアリングホイール Steering Wheel）などを総称するのが舵です。

　右に舵を取ることを、日本語では面舵と呼びます。左舵は取舵です。しかし本来は、卯面舵と酉舵でした。卯面は「うむ」で卯の方角、酉は「とり」の方角のことです。かつては方角を表わすのに干支の十二支を使っており、北が子（ね）で、南が午（うま）です。東は卯、西が酉になります。そんな十二支方位の呼び方から、船首方向を子として、右舷側は卯の面で「おも」になり面舵、左舷側は、酉が取舵になったという経緯があります。南北に引かれる経線を子午線と呼ぶのもそんな名残です。

　余談ですが、十二支は時刻の単位としても使われていました。それを十二時辰などと呼びます。午前、午後、正午などはその名残です。つまり十二支は、年月や時刻、それに方位も表わしていたのです。かつては、十二支と十干を組み合わせて日付も表わしていました。

　また、おもて側ではなく真横にパドルを入れるだけでも、カヤックは横へ移動します。それを舷側横滑り Side Slip と呼びます。

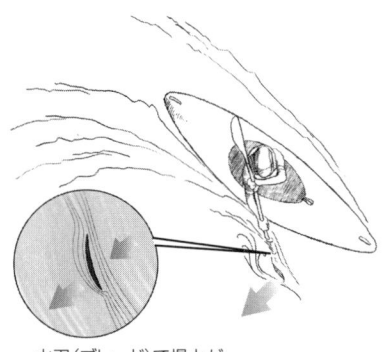

水刃（ブレード）で揚力が生まれ針路が変わります

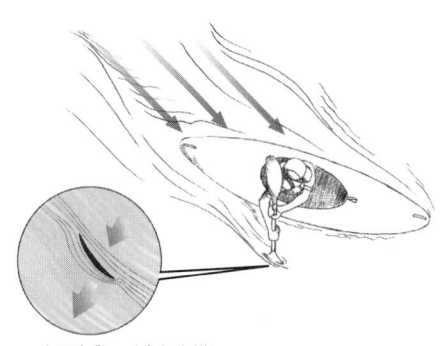

水刃（ブレード）を真横に入れています

カヤックの前側で舵を取る技術です。針路変更のためというより、旋回のための技術です。舵という言葉は、意味合いが広いのです。

こちらは、サイドスリップです。カヤックが横方向に滑っていきます。桟橋などに横付けする時などに使うと便利な技術です。

2-5-1 下手押え（ロウブレイス）

　ここからは、移動するための漕ぎではなく、カヤックを安定させたり転覆を防いだりする漕ぎ方を解説します。これらの漕ぎ方は、総称として押え漕ぎ（ブレイスストローク Brace Stroke）と呼びます。これまで説明してきた漕ぎ方の中で自然に行っていることでもありますが、訓練するために動きを区分し、その意味を説明するものです。静水面で訓練します。

　下手押え（ロウブレイス Low Brace）は、傾きかけたカヤックを押える動作です。押え漕ぎの最初の段階として教えます。水刃の裏面を使いますから、後ろ漕ぎのバリエーションになります。パドルの位置は、肘より下にあります。訓練は停止した状態で行いますが、着座位置から下方へパドルを押すためには、肘をかなり張った状態でなければ押せません。この肘の角度を覚えてもらうことが大切です。

　最初のうちは、肘を張ることが分からず、きちんと押えられないので、転覆する心配が先に立ちます。肘を張って、きちんと下方へ押えられるようになると、傾けることの心細さから解放されます。

　海での横波や、川の流れによって起こる低い波でカヤックが翻弄され、転覆しそうな時にこの押え漕ぎをします。漕ぐというより、ただ押えるだけという感じでしょうか。傾きがある程度以上になると、下手押えでは対処できません。

　何度も訓練を繰り返して、この動きが反射的にできるようにしましょう。そうなれば、カヤックが転覆することはまずありません。頭で覚えるのではなく、身体にしみ込ませるように覚えさせます。

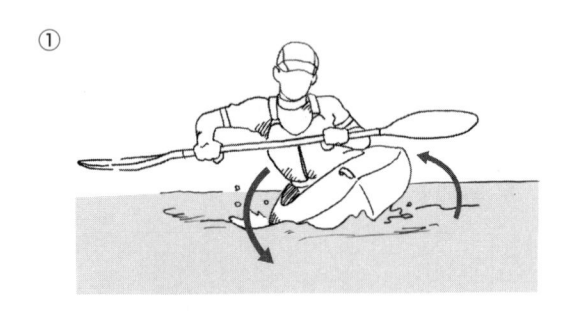

①

②

安定具としてパドルを使う方法です。水刃には表と裏しかありません。これは裏面を使います。両面を使うには、身体の動きがそれぞれに反応しなければなりません。

2-5-2 上手押え（ハイブレイス）

　上手押え（ハイブレイス High Brace）は、水刃の表面を使います。ハイ High は高いという意味です。腰の位置より高い波に対処するため、下手押えでは対応できないほど傾いた瞬間に使います。水刃の表面を使うため、肘より先が上を向きます。下手より力強く水を掴めますから、これができれば転覆することはほとんどなくなります。

　波の高さがカヤックの甲板（デッキ）より上に押し寄せてくるような時は、すでに上手押えの範疇です。カヤックが横倒しになっても充分に起こせます。

　上手押えで重要なことは、下手と違い脇を締めることです。肘を胴につけることで脇が締まります。なぜ脇を締めるかというと、波の力は想像以上に強いからです。肩を脱臼することもあり、例え転覆しなかったとしても自力で陸まで漕ぎ帰ることができません。水上で漕げなくなるということは、かなり危険な状況です。

　上手押えや下手押えは、河川など強い流れの中で行う場合と、沿岸に波が打ち寄せる砕波帯（サーフゾーン Surf Zone）で行う場合があり、そこには大きな違いがあります。それは、押える側が真逆だということです。流れの中では、上流に向かって押えるとすぐに転覆してしまいます。したがって、下流側を押えます。磯波の中では、波が向かってくる方を押えます。反対を抑えると一瞬で転覆します。

　この切り替えは、強く意識しなければなりません。端的にいうと、川（流れ）と海（波）の技術でもっとも大きく違う点が、押え漕ぎという技術だと伝えてください。

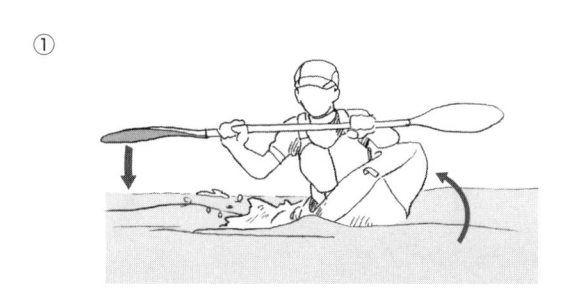

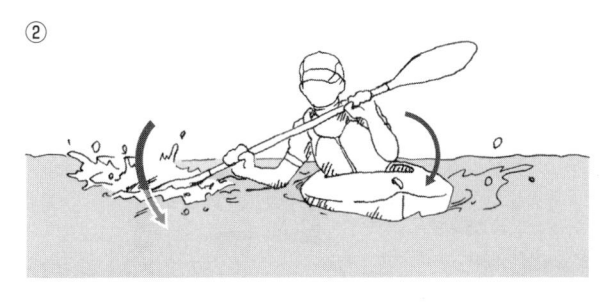

①

②

こちらは表面を使います。カヤックの傾きが大きくなると、水面が迫りますから、肘を上向きにしなければ押えが効きません。

2-5-3 叩き支え（スラップサポート）

　下手押えを瞬間的に行う技術もあります。グラッときた時などに水面を水刃で、パン！と叩くようにする動作です。スラップ Slap とは平手打ちのことです。これは押えというより支えるだけですからスラップサポート Slap Support になるわけです。

　叩き支えで気をつけなければならないのは、水刃面が斜めに入ると水に食われてしまい、それで転覆することがあります。だから面を平らにして叩くことが肝要です。こういう部分に訓練が必要なのです。

　海では、うねりの波の中を進んでいる時に、突然波が崩れることがあり、そんな場合にも前漕ぎをしながら瞬間的に叩き支えをすることがあります。静水面で叩き支えを訓練するのは、そういう場合に備えてのものです。それは同時に、手首の返しなどの動きを、柔軟かつ素早く動かす訓練になります。

　カヤック漕法の習得は、手首の動きに関わっています。たとえば、前漕ぎ時の水の掴み方も、実は手首の角度で調整しています。水から抜き返す時も、手首の動きによって抵抗なく抜くことができれば、効率の良い前漕ぎになっていきます。

　漕法をまとめて考えますと、パドルの動きによる役割は、推進するためや針路を保持したり曲げたりするため、そしてカヤックの傾きを押え支えたりすることに集約されます。それに腕の動きや手首の動きが追従するのです。何度も訓練を積み上げていくと、自然にこれらの役割を知ることになりますが、事前に知識として知っておけば理解も早くなると考えられます。

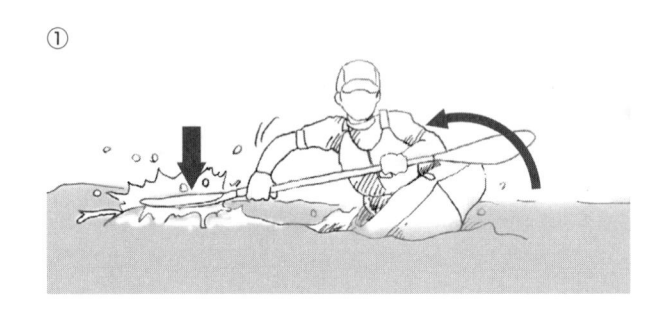

①

②

　カヤックがグラリと来た瞬間に、パドルで水面を平手打ちのように叩きます。こういう訓練が、カヤックと身体とを一体化させていきます。

2-5-4 浮かせ押え（フローティングパドルブレイス）

　浮かせ押え Floating Paddle Brace とは、単にパドルを横にせり出して水面に浮かせておくだけのことです。少々大袈裟な名前ですが、パドルの浮力でカヤックの傾きが押えられるということを知ってもらう意味があります。浮かせ押えを行うだけで、パドルが補助輪のような役目をすることを意識できます。

　基本的にパドルは、水に浮きます。元々パドルの素材は木材です。カヤックの長い歴史の中で、木製のパドルはその浮力を当然の性能として持っていたはずです。今ではプラスチック製のパドルが多くなり、パドルの浮力を意識することが少なくなりましたが、プラスチックのパドルにも浮力はあります。

　カヤックやパドルの素材がプラスチックになり始めたのは、1960年代頃からです。一般的になったのはさらにその後で、プラスチック製のカヤックやパドルには、半世紀ほどの歴史しかありません。

　FRP（繊維強化プラスチック）などの素材は、製造過程や産業としては都合の良い素材で、だからこそカヤックの普及が促進されました。しかし、カヤックやパドルに最適な素材かどうかは、まだ結論が出ているわけではありません。FRPには廃棄段階での問題もあります。

　浮かせ押えという技術を伝えることで、カヌーの世界が抱える実情まで言及できるわけです。今後プラスチックに代わる素材が生まれるかもしれませんし、木製パドルの真価が再び理解されていくかもしれません。

こういった何気ない動作にも意味があります。パドルが浮くものだと分かると、カヤックの深遠な世界に足を踏み入れることになります。

2-5-5 上手押え曲げ（スウィーピングハイブレイス）

　下手押え回しの項で、下手押え曲げについて少し説明しましたが、それを上手でやるのが上手押え曲げ Sweeping High Brace です。

　上手押えと上手押え曲げとはどこが違うかというと、水刃の表面を使うのは同じですが、下方に押えるのではなく前方へと押える点です。カヤックも、より傾いた状態にでき、通常の曲げ漕ぎより急激に回ります。

　これは、押え漕ぎをしながら曲げ漕ぎをする複合的な技術です。極端に傾けられることで、カヤックを傾ける意味が、より深く理解できます。

　横から見たカヤックの舟底は、基本的には直線に近いのですが、回転性の高いカヤックは丸みが強いものです。揺り椅子（ロッキングチェア）の足のように反っているスラローム用のカヤックなどは、楽にクルクルと回転します。この、舟底の丸みの度合いをロッカー Rocker と呼びます。音楽のロックも同じで、ロックンロールなどは揺さぶり転げ回るような高揚感を意味するのでしょう。

　また直線的な舟底のシーカヤックなどは、直進性が強くなりますが、カヤックを上下方向から見ると、両舷ともに丸みが強い形をしています。カヤックを傾けることで、両舷の丸みの部分が接水し、傾いた状態ではロッカーの強い舟底になっているわけです。カヤックを傾けるのは、つまりはそういうことです。

　カヤックを自由に傾けさせることができるようになると、水の上を自由に動き回れるようになります。そうなることで、水生生物からの視点が生まれます。

これができるようになると、かなりカヤックとパドルと身体が一体化していることになります。パドルが腕の延長になっていることが分かるはずです。

2-5-6 ８の字押え（スカリングブレイス）

　横漕ぎの一種である横８の字漕ぎを、押え漕ぎにしたのがこの技術です。実利的な技術というより、訓練用の技術です。訓練を重ねれば、カヤックを真横にした状態で保持できるようにもなります。

　この技術は、グリーンランド先住民たちのカヤック技術として伝えられたものです。グリーンランドの伝統カヤックは、カヌースポーツのためではなく狩猟用の舟でした。こういった技術は、狩猟用の技術なのでしょう。狩猟をしない現代のカヌースポーツの世界では、必要のない技術かもしれません。しかし、こういう技術の中にかつてのカヤック文化の真意が隠されているのかもしれません。

　基本的にカヤックは転覆しやすいものです。それは、転覆することを前提にしてあるからで、かつてのカヤックが狩猟用だったからです。カヤックでの漁猟（漁撈と狩猟）は、魚釣りではなく突きん棒漁法の類でした。銛やヤスで魚や海獣を突くための舟であり、だからこそ転覆してもいいような構造になり、転覆しない技術や転覆からの回復技術が生まれたと思われます。

　いわゆるフィッシングは、主に魚釣りのことを意味します。カヤックはハンティングの道具であり、フィッシングの道具じゃなかったのです。近年、カヤックフィッシングが盛んになりましたが、安定感のあるシットオンカヤックを使うのは、その転覆しにくい構造があるからです。８の字押えなども、そんな漁猟用の技術だったと考えれば分かりやすいと思います。

８の字押えができるようになると、漕ぎが芸術（アート）に近づいています。カヤックが漁猟の道具だった時代に生まれたのでしょう。深遠なカヤックの世界が見えてきます。

2-6 脱出法（いわゆる"沈脱"）

　カヤックが転覆してしまうと、当然ながらカヤックから脱出しなければなりません。パドルを使って回転して起き上がるエスキモーロールという技術がありますが、ジュニア指導員はそこまで教えることを求められません。その前の段階で確実に転覆したカヤックから脱出する方法を伝えます。

　転覆からの脱出を、カヌー用語では「脱艇」ではなく「沈脱（ちんだつ）」と呼んでいます。慣用的な用語ですが日常的に使われており、すっかり定着しています。

　転覆しても慌てないことが大切です。まず前かがみになってスプレーカバー先端のグラブループを握り、押し気味に外します。その際、パドルを離さないことも強調すべきことです。もちろん、訓練は静水で行います。

　次に、カヤックから降りる時の要領で尻から抜け出ます。慌てていると足から出ようとして膝を強打する場合もありますので、落ち着いて沈脱します。PFDを着用しているので、頭部は自然に水面から出ます。カヤックから離れないことも重要です。浮き上がった時にカヤックから離れてしまうと、状況によっては大きな問題になります。風があったり流れがあったりすると、カヤックと離れ離れになるからです。

　状況によって指導員がカヤックを起こすこともありますが、自力でカヤックを起こす訓練も必要です。何度も訓練を重ねることで、慌てずに沈脱できるようになり、起こす要領も理解していきます。起こしながら艇内に入った水をできるだけ排水できるようになれば、その後の動きが楽になります。

　初めての人は転覆を嫌がるものです。泳ぎは嫌がらないのに転覆を嫌がる人が多いのも事実です。人の心情とはそういうものなのでしょう。中には転覆に対し恐怖を感じる人もいます。潜在的なものでしょうが、それを取り除くことも指導員には求められます。楽しく沈脱ができる訓練状況を作るのは大切なことです。

　ジュニア段階の沈脱の訓練は静水で行いますが、あくまでも手順を覚えるためです。実際に転覆するのは、強い流れや波立つ水面があるところです。そういう状況の中に行く前に、沈脱、そして次の救援法（レスキュー）を訓練しておくのです。

　沈脱訓練は、安全管理（リスクマネージメント）のひとつです。PFDの浮力を理解し、パドルを離してしまったらどうなるか、カヤックと離れてしまったらどうなるかなどを経験することで、川旅や海旅などの実践での情景（イメージ）が浮かんでくるはずです。

　また、世間にはカヤックはすぐ転覆するので「危ない」道具だという誤解された認識があります。しかし、転覆してもすぐ起こせる舟はそうありません。しかもカヤックは構造や工夫によって沈まない舟なのです。

　沈脱とは呼びますが、カヤックは転覆するだけで「沈没」しません。転覆＝沈没という構図は、他の船舶ではほとんどそうなりますが、ほとんどのカヌーは転覆するだけです。沈没しない舟ほど安全な舟はないのです。

　こういったことが理解されると、カヌーやカヤックに対する意識が変化します。カヤックは転覆するけど沈没しません。そう指導することで、カヤックに対する世間の誤解が解けていくことでしょう。

沈脱の展開図

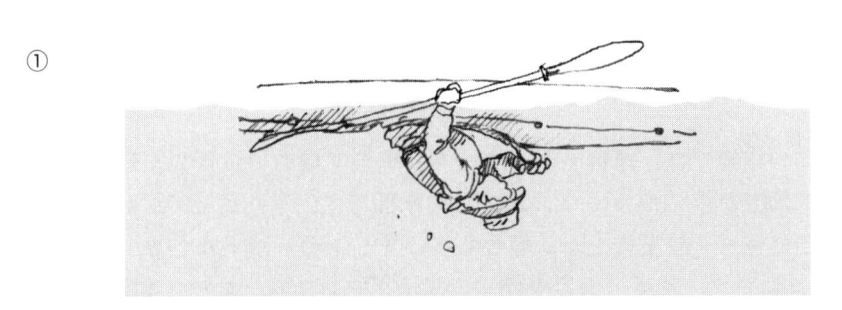

①

転覆すると上下が逆さまになっていますから、まずは落ち着くことが大切です。パドルは離さないことが肝心です。

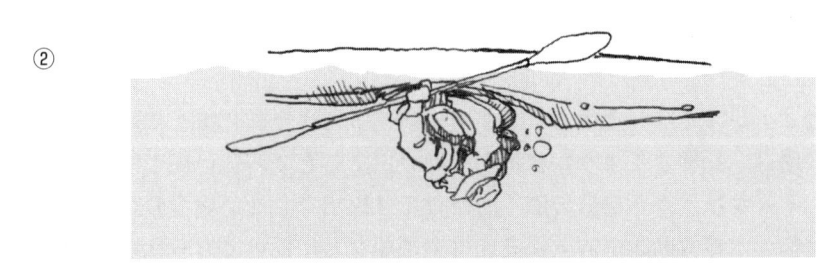

②

次にグラブループを持ってスプレーカバーを外します。この時も慌てないことが大切です。

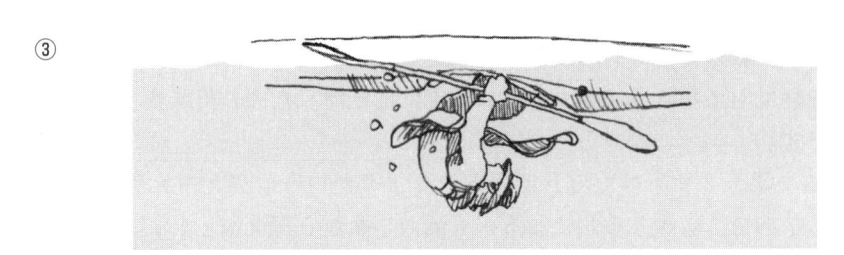

③

カヤックを押し出すように、お尻から出ます。パドルを離さないようにすることも忘れてはいけません。

④

脱出したら、カヤックとパドルを確保しつつ、カヤックを起こしにかかります。これが沈脱の要領です。

2-7 補助救援行動（アシステッドレスキュー）

　カヤックの転覆から沈脱できたとしても、次は水上でカヤックを起こして再乗艇しなければなりません。しかもカヤックの艇内に浸水していますから、排水もしなければなりません。

　ジュニア段階の指導では、講習を行う水域を、岸まで自力で泳ぎつく範囲としています。目安としては岸から200メートル以内の内水面です。したがって、沈脱後は岸までカヤックと一緒に泳ぎ、陸上に上がる場合も多いでしょう。パドルとカヤックの把っ手（トグル）を一緒に持ち、片手と両足を使って横泳ぎをします。また、実際の講習では、指導員がカヤックを牽引することもあるでしょう。

　しかし、幅の広い川や大きな湖、ましてや海だと岸まで泳いで戻るのは難しいことです。そういう状況で転覆した場合は、水上で再乗艇しなければなりません。そのための最初の段階が、誰かに再乗艇の補助をしてもらう方法です。それが転覆時の補助救援行動 Assisted Rescue です。

　補助救援行動は、レスキューではありますが、前述したように救援と救助とは意味合いが違います。救助は、転覆するような状況から助け出すことで、強い風や強い流れ大きな波に翻弄され、そんな状況から自分の漕ぐ力だけでは脱出できない場合の用語です。要するに、消防や警察の水難救助隊や海上保安庁の巡視船などに助けてもらう場合です。救助の状況がさらに過酷な場合は、救難になります。救難に関しては、海上保安庁の特殊救難隊や機動救難士、航空自衛隊の救難隊や海上自衛隊の救難飛行隊といった部隊があります。

　したがって、補助救援行動は、転覆後に再乗艇するための補助をするという意味になります。再乗艇を補助してもらう訓練から始め、次には転覆した人の再乗艇を補助する訓練を積んでいきます。

　自分が転覆した場合、なるべく自力で再乗艇しようという心構えも大事です。とはいえ、最初は難しいので、救援する側になるべく協力しながら再乗艇します。

　手順は、まず転覆したら自力で沈脱し、パドルとカヤックを確保した状態で浮いています。そこに救援者がきてカヤックを横付けしてくれます。救援者にパドルを渡し、協力してカヤックを起こします。起こす時に水をなるべく排水します。

　排水法は、救援者が転覆した状態のカヤックの先端を持って抱え上げます。すると水はほとんど排水されます。シーカヤックのレスキュー法では、それを TX レスキューという符号のような名称で呼びます。その後転覆したカヤックを起こし、横付けします。救援される人は、積極的に救援者に協力します。

　再乗艇の際、救援者は2本のパドルを抱えたまま、起こしたカヤックの漕艇席あたりを強く押えます。そうすることで2艇のカヤックはかなり安定した状態になります。沈脱した人は、その状態から自力で再乗艇します。

　これが基本的な手順です。とはいえ、水上は不確定な要素も多く、臨機応変な対応が求められます。そのためには、多くの経験を積み重ねる必要があるわけです。カヌーの指導員は、救助や救難のプロではなく、救援のプロであるという自覚が必要だと思います。

●補助救援の基本的な手順

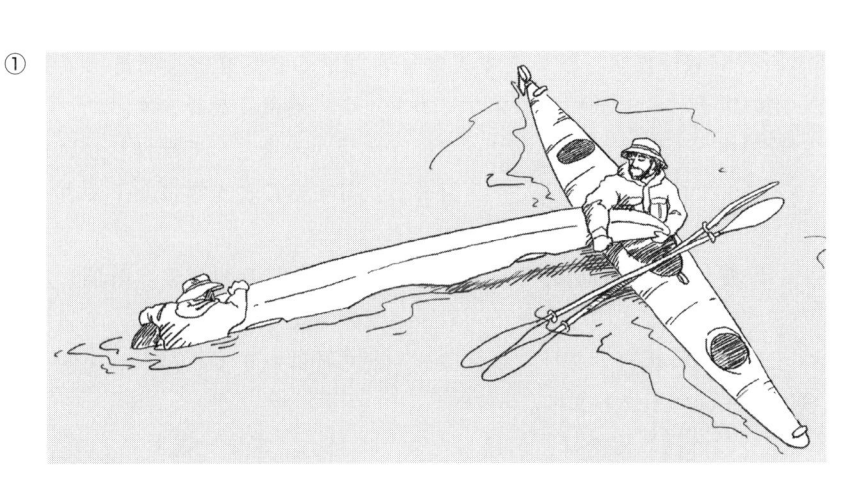

①

転覆したカヤックのバウを持って引き上げています。

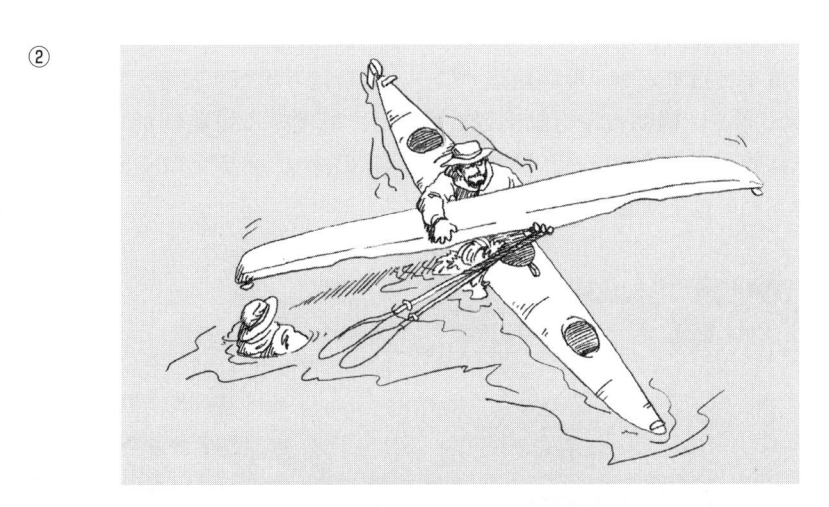

②

デッキの上に持ち上げ、水抜きをします。

③

相手のカヤックを押え，再乗艇してもらいます。カヤックの前後は互い違いにした方が，よりスムーズです。

2-8 自己救援術（セルフレスキュー）

　カヌースポーツの世界には、自分の安全は自分で管理するという自己安全管理ともいえるような基本原則があります。初めて１人乗りのカヤックに乗る人であっても、そのカヤックを動かすのはその人であり、いきなりカヤックの船長になります。

　水上に出た瞬間から、自分が乗るカヤックは、自分が船長として操作しなければなりません。カヌースポーツが自立を促したり、自律したりすることを学ばせてくれるのは、必然的に船長という立場になるからです。

　そうなると、転覆した際にも自力で再乗艇を考えるようになります。転覆した際、もっとも簡便な方法は、沈脱せずにエスキモーロールで起き上がることです。エスキモーロールは、エスキモー式回転起きであり、単にロールとも呼ばれます。パドルを使って起き上がるので、漕ぎの一種でもあります。

　ジュニア段階での自己救援術は、前述したように自力で岸まで泳ぐことです。PFDを着用しているので、沈むこともありません。しかし、指導員として考えると、当然ながらロール技術を始め、様々なセルフレスキューの方法を知っておく必要があり、その訓練もすべきでしょう。次のシニア段階になると自力で再乗艇ができることや、ロールができる技術は必須になります。

　ジュニア指導員を目指す人も、早い段階でロールの習得をすべきと考えます。なぜなら様々な漕法を学ぶ際や、補助救援行動を取る際など、転覆する可能性があるからです。ロールができれば効率が良く、ロール訓練による胴体の捻り（ボディローテーション）や、ヒップフリックなどの動きが身につくからです。

こちらは、パドルフロートを使った自己救援術訓練の様子。この方法は、主にシーカヤックの自己救援術として使われます。シーシニアのための教科書「シーカヤック教書」を参照してください。

●ロール解説図

エスキモーロールは、セルフレスキューの技術ですが、一方で漕ぎの一種だと考えてもいいものです。早い段階でロールを習得することで、身体の使い方に拡がりができます。

①

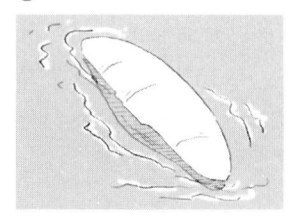

転覆した状態です。

②

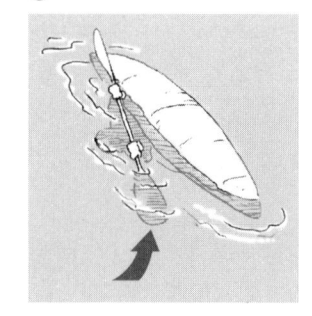

水面上に水刃（ブレード）を出します。

③

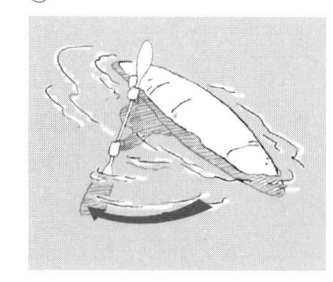

水面に沿うように、パドルを動かします。

④

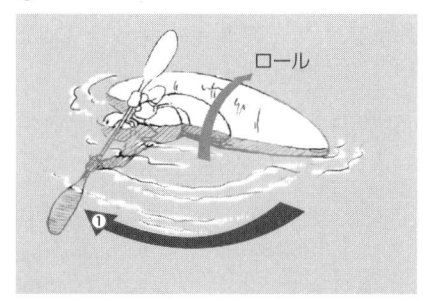

矢印の①までパドルが来たら、水面を押えつつヒップフリック（尻弾き）を使ってカヤックをロールさせます。

⑤

カヤックを先に起こし、その後に上半身が起きます。ここが重要な点で、上半身を先に上げようとすると、ロールは失敗します。

⑥

ロールの完了です。ロールの技術は、シニア指導員にとっては必須の技術ですが、ジュニア指導員の段階から習得しておくことを勧めます。

2-9 ロープワーク（結索）

　ロープ結びはロープワーク Rope Work といい、海事用語では「結索」などとも呼ばれます。カヌースポーツに必要な結び方は、それほど多くありませんが、いくつかの結び方は、指導員として覚えておく必要があります。ロープワークは、きつく結んでも、確実に解け、しかも解きやすいという点が重視されます。。

　結び方には、大きくノット Knot（結び）とヒッチ Hitch（巻き）がありますが、日本語では、結節（ロープの端にコブを作る）、結着（巻く要領で結ぶ）、結輪（ロープで輪を作る）、結合（ロープ同士をつなぐ）、結縮（ロープを短くする結び）といった細かい分類法があります。これらの中の代表的な結び方を最低でもひとつずつ覚えておけば、ほとんどの結び方に対応できます。

　結節では、8の字結び（フィギュアエイトノット Figure 8 Knot）が代表です。

　結着では、巻き結び（クラブヒッチ Clove Hitch）ですが、馬つなぎや追いはぎ結び Highwayman's Hitch と呼ばれる結び方があります。

　結輪の代表は、もやい結び（ボーラインノット Bowline Knot）です。もやいは「舫い」と書きますが、船と船をつなぐことや、杭に船をつなぐことを意味します。結びの王様（King of Knot）とも呼ばれ、非常に汎用性のある結び方です。また、8の字結びを使って、ロープの途中に輪を作る二重8の字結び（ダブルフィギュアエイトノット Double Figure 8 Knot）や、さらにふたつの輪を作るダブルフィギュアエイトノット・オン・ア・バイト Doubul Figure 8 Knot on a Bight（Double Figure 8 Knot Roop とも）という結びもあります。簡単に輪を作る際には、鎧結び（ハーネスヒッチ Harness Hitch）という結び方もあります。

　結合の代表は、てぐす結び（フィッシャーマンズノット Fisherman's Knot）です。太さの違う2本のロープをつなぐ時や、釣り糸のように滑りやすいロープを結ぶ時に使います。

　結縮では、ちぢみ結び（シープシャンク Sheep Shank）が代表的な結びです。長いロープを、途中で縮め、ロープ全体を短くするための結び方です。鎖結び（チェーンノット Chain Knot）も縮めるための結びですが、細いロープを鎖結びで太くし、強度を上げる時にも使えます。

　また、上記の分類からは外れますが、クルマのルーフキャリアにカヤックを固定するための結び方があります。カヤックの固定は、普通タイダウンストラップ Tie Down Strap などを使いますが、南京結びやトラッカーズヒッチ Trucker's Hitch と呼ばれる結び方でも固定できます。この結びは、トラックの荷台に乗せた荷物を固定するために広く普及している方法ですから、ぜひ覚えておきましょう。簡易的な南京結びもあり、途中に二重8の字結びや鎧結びで輪を作り、その輪に端を通して締めます。

　ロープワークには様々な専門書が出版されていますから、本書では詳しくは説明しません。ただ重要なことは、日常的にロープワークをやっていないと、すぐに忘れてしまうということです。毎日のように繰り返すことで、頭ではなく手で覚えているような感覚になるまで続けることです。

About Junior Instructor

● いろいろなロープワーク

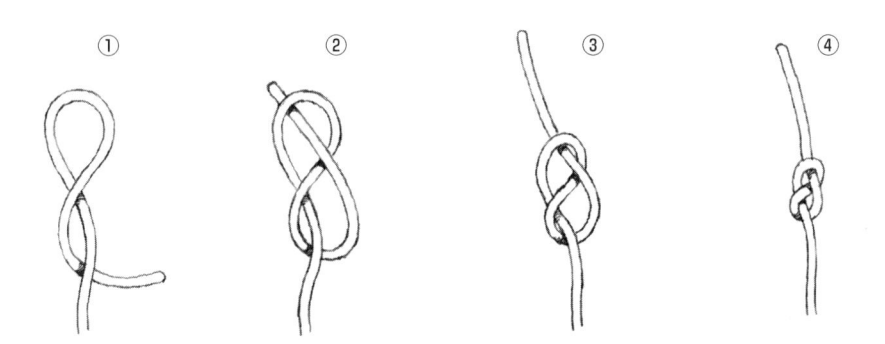

① ② ③ ④

8の字結び（フィギュアエイトノット Figure 8 Knot）

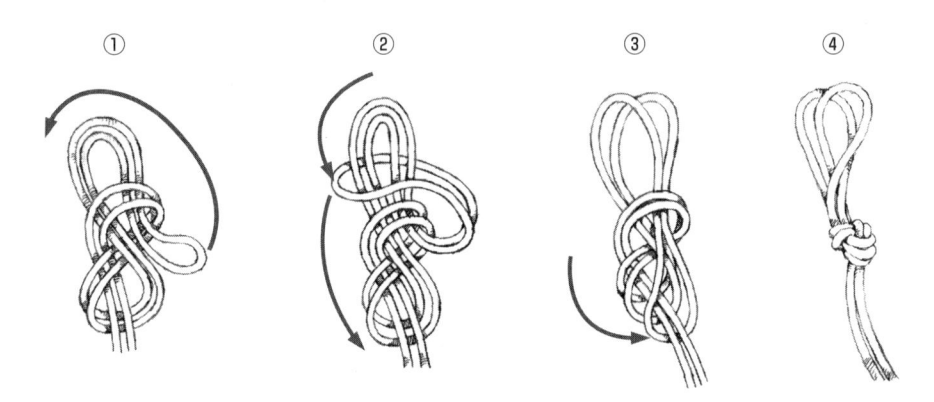

① ② ③ ④

二重8の字二輪結び（ダブルフィギュアエイトノット・オン・ア・バイト Double Figure 8 Knot on a Bight、Double Figure 8 Loop、ウサギちゃん耳 Bunny Ears とも）

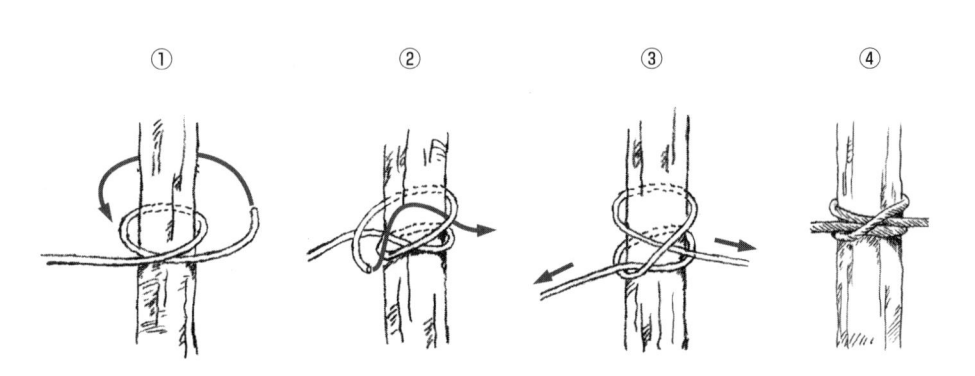

① ② ③ ④

巻き結び（クラブヒッチ Clove Hitch）

① ② ③ ④

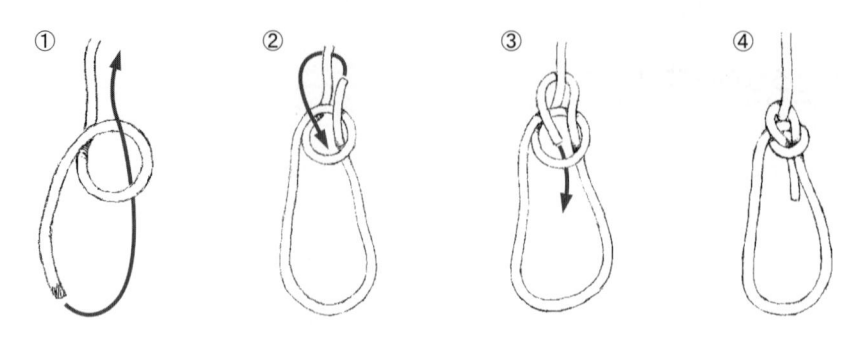

もやい結び(ボーラインノット Bowline Knot、ボーリンノットとも)

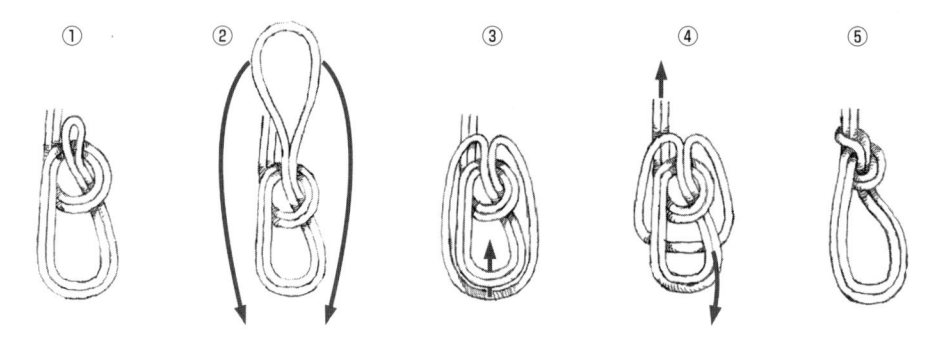

① ② ③ ④ ⑤

腰掛け結び(ボーリン・オン・ザ・バイト Bowline on the Bight、二重もやい結び)

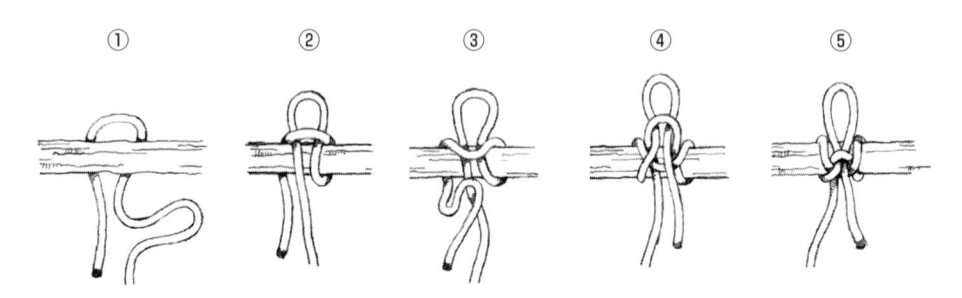

① ② ③ ④ ⑤

追いはぎ結び(ハイウェイマンズ・ヒッチ Highwayman's Hitch、引き解け結びの一種)

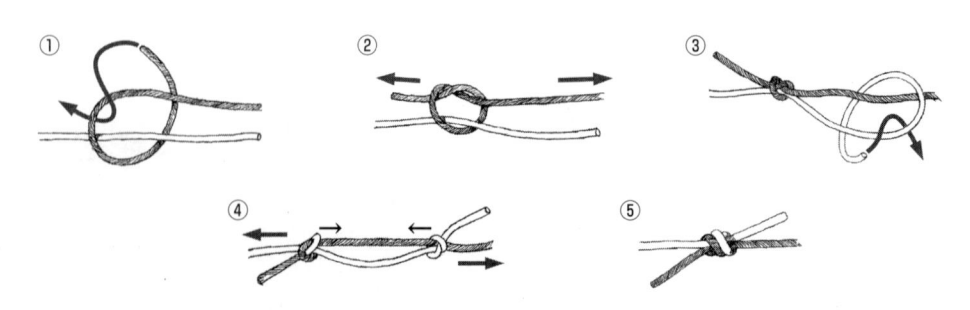

① ② ③
④ ⑤

てぐす結び(フィッシャーマンズノット Fisherman's Knot)

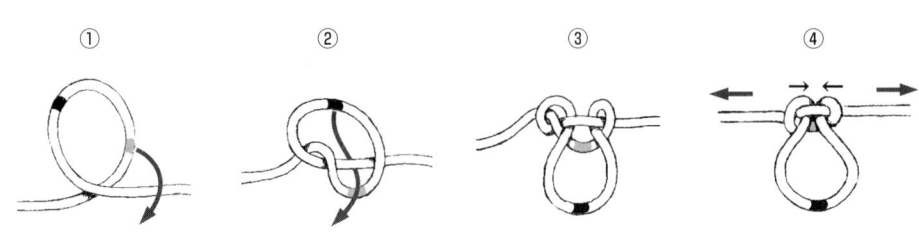

About Junior Instructor

① ② ③ ④

鎧結び（ハーネスヒッチ Harness Hitch）

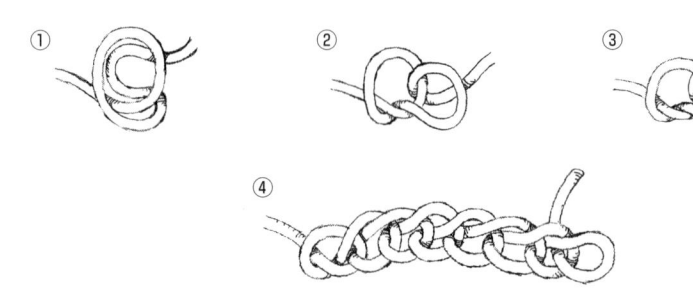

① ② ③

④

鎖結び（チェーンノット Chain Knot）

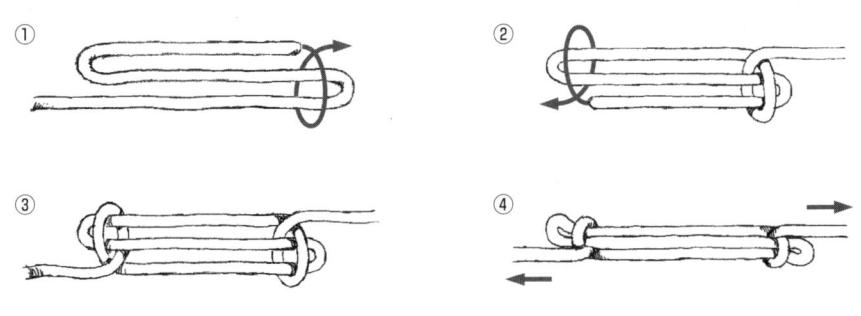

① ② ③ ④

ちぢみ結び（シープシャンク Sheep Shank）

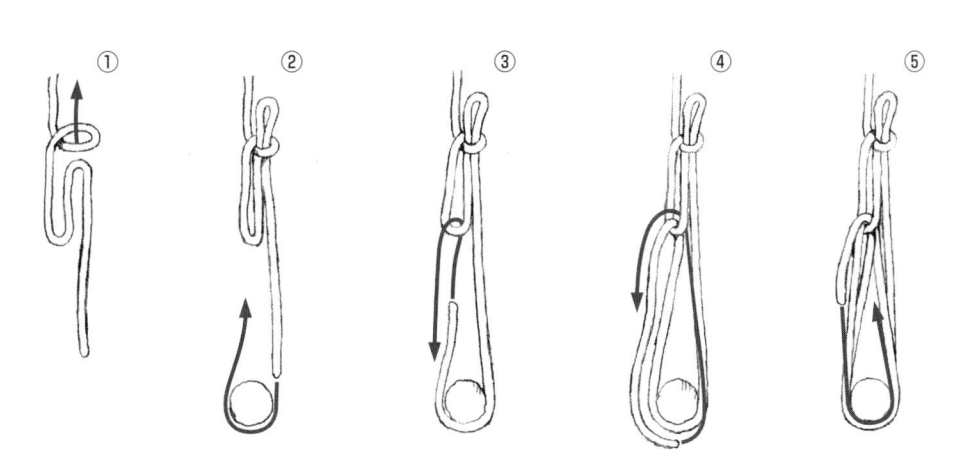

① ② ③ ④ ⑤

南京結び（トラッカーズヒッチ Trucker's Hitch）

シーシニア指導員による講習会。(2011年、横浜シーフレンズ)

第3章

カヌー教育の指導要領と安全管理

Guidance and Risk Management of Canoe Education

3-1 アウトドア教育と野外教育の違い

　カヌー公認指導員は、カヌースポーツの普及に関する指導を行いますが、カヌー競技の指導をするわけではありません。勝敗を競うための指導ではなく、カヌーを通して水圏というアウトドアに触れる機会を提供し、指導することが大きな役目です。

　また、レクリエーショナルカヌーはスポーツではありますが、競技スポーツとは視点の違いがあります。レクリエーショナルカヌー活動はアウトドア活動の範疇に入ります。第1章で言及したように、アウトドアは環境を意味しますから、レクリエーショナルカヌーの指導は、環境活動の指導であり、アウトドア教育 Outdoor Education に入ります。しかし、アウトドア教育を野外教育と訳したために概念が見えにくく、日本ではまだ確立されていない分野だというのが現状（2013年）です。

　1996年に文部科学省がまとめた「青少年の野外教育の充実について」という報告書がありますが、そこではアウトドアを野外と同義であると考えており、アウトドアが環境であるという視点が抜けていました。野外とは野原や郊外、屋外のことです。

　また、英語では野外教育を Outdoor Education（アウトドア教育）と表明しながら、環境教育として踏み込んでいないところにも価値観のズレがあるように思います。

　日本でのアウトドアは、いわゆる教育界におけるとらえ方とアウトドア業界の意識に、かなりの乖離があるようです。例えば米国のアウトドア業界は、教育はもちろん防災や国防にも関係していますが、日本では単なる娯楽だと思われることが多いようです。カヌー活動も、日本では娯楽としてとらえられているのが現状です。

　今や環境問題が世界中に拡がり、日本でもそれに対処できる人材を育てる方針が厳然とあります。しかし、方針はありながら現実にはできていません。その大きな原因は、アウトドアを野外と取り違いしている点にあるのではないでしょうか。

　実は、上記の文科省報告には、野外教育の現代的課題に対応したプログラム開発が期待されており、その筆頭に「青少年に様々な試練・チャレンジの機会を与える冒険教育。自然を教材として環境問題への理解を図る環境教育」という文言さえあるのです。これはまさにアウトドア教育のことです。

　野外教育をアウトドア教育に読み替え、それはすなわち環境教育と冒険教育であると考えれば、非常に分かりやすくなります。

　冒険は英語のアドベンチャー Adventure を明治時代に翻訳した語ですが、本来のアドベンチャーと日本語の冒険には、やはり意味の違いがあります。アドベンチャーには投機という経済的な意味が含まれていますが、日本語の冒険にはそういう意味合いは感じられません。とはいえ、本来の投機は禅宗の言葉からきています。機とは心機のことで、弟子と師が機の投げ合いをし悟りに近づくための行為のようです。この本来の意味を知ることで、冒険教育の方も理解できるのではないでしょうか。

　カヌー教育はアウトドア教育であり、環境教育や冒険教育という内容が含まれていることを理解しておきましょう。野外教育をアウトドア教育という言葉に置き換えることで、カヌー指導員の役割が明確になるはずです。

3-2 学びの循環（ラーニングサイクル）

　指導員に求められる資質は、具体的には以下のようなものです。まずカヌー技術の専門家（スペシャリスト Specialist）であること。そしてカヌーや環境に関する全般的な知識の収集家（ゼネラリスト Generalist）であり、その知識を効果的に伝える術を持つ発信者（コミュニケーター Communicator）でもあり、そして技術が容易に習得できるようにする世話人（ファシリテーター Facilitator）であることです。

　これらの資質を向上させ続けることが指導員としての成熟につながるのでしょうが、一朝一夕で得られるものではありません。学びを繰り返し行うことで、時間の経過と共に身に付いてくるものです。

　近年、体験学習や環境学習などの教育に活用されている学びの循環（ラーニングサイクル Learning Cycle）という理論があります。1960年代からカリフォルニア大学バークレー校 UCB で開発されてきた理論で、現在は米国のアウトドア（環境）教育に活用されており、特に東京海洋大学が環境教育の原理に用いています。

　この学びの循環には、"5E" と呼ばれるキーワードが配列されています。以下がその5つの "E" です。

　Engagement（約束）Exploration（探求、探検）Explanation（解説）Elaboration（推敲）Evaluation（評価）ですが、これを翻訳そのままでは、なかなか意味が理解できません。そこで、約束は「導入」とし、解説は「概念の確信」、推敲は「応用」、評価は「振り返り」にすると少しは理解しやすいかもしれません。

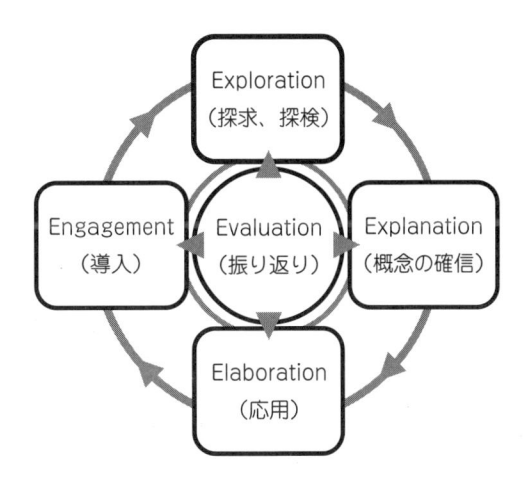

　これは指導員になるための、学びの循環です。具体的に考えると、カヌー教育への導入は、カヌーに対する興味から始まります。水上に浮かぶことへの興味やカヌーを漕ぐことへの興味です。探求は、カヌー技術に対する興味やカヌー文化やカヌーの役割への興味、カヌー旅の実践でしょう。概念の確信は、カヌースポーツ全般を理解し、その概念を確信した上で解説することです。応用は、自分が確信したことを受講者にも同じような経緯で理解できる場を作ることです。そして振り返りは、それぞれの段階のすべてを行いながら学びの循環を繰り返すということです。

　つまり、指導員は常にカヌーへの興味を持ち続けながら振り返り、常に探求しつつ振り返り、概念を確信しながら振り返り、受講者に自分の学びを応用しながら振り返ることを続けていきます。

3-3 講習会の組み立て（PDCAサイクル）

　ラーニングサイクルによって、指導員は学びを深めていきますが、同時に講習会を組み立てていきます。計画を立て、その計画に沿って実行し、実行したことで計画に沿っていたかどうかを点検したり評価したりします。点検することによって、足りなかった部分も見つかるでしょうから、その処置や改善を行います。こういった流れをPDCAサイクルといいます。

　Pは計画 Plan のことです。Dは実行のDoで、Cは点検のCheck、Aは行為のActですが、裁定といった意味があり、裁定した上の行為、つまり処置や改善を意味します。CのチェックをSに置き換えたPDSAサイクルもあります。その場合のSは研究や学習のStudyという意味になります。

　PDCAサイクルは、繰り返すことで少しずつ質を上げていくことができるという理論で、ソフトウェアの開発や生産管理などを円滑にする手法として使われます。このPDCAサイクルを繰り返すと、螺旋状（スパイラル Spiral）に質が向上されていくイメージがあります。螺旋状に講習会の質を徐々に上げていくことで、より効果的な指導内容が生まれ、安全管理に関しても質の向上が望めるというものです。

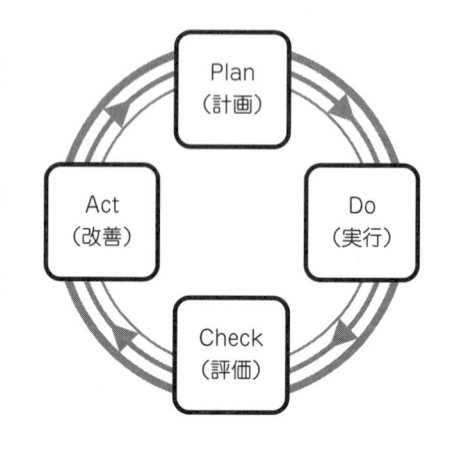

　もちろん、ベテランの指導員は、こういった理論に則らなくても必然的に時間をかけ、ラーニングサイクルやPDCAサイクルを行っているはずです。しかし、これから指導員を目指す人たちには、これらの理論を参考にしながら現場を経験していけば、より円滑に自分なりの指導法が確立できていけると考えられます。

　講習会を組み立てていくには、指導員の個性も関わってきます。その個性を活かしながら自分なりの講習会を組み立てていくことも大切でしょう。カヌーの漕ぎ方にも個性がありますから、講習会にも個性が出てきます。その個性を活かすことが、それぞれの講習会の面白さにつながっていくはずです。そのためにもPDCAサイクルやラーニングサイクルといった理論が活用できます。さらに近年では、PDCAサイクルに変わりOODAループ（見る→分かる→決める→行なう、繰り返し）という理論による経営手法が台頭しています。本書では詳しく触れませんが、よりスピードが求められる時代になっているため、カヌースクールとしてもこのOODAループを学ぶ必要があります。

　カヌーの指導員は、カヌーが好きであることが絶対条件です。その好きなカヌーが継続できる手段として、仕事としての講習会があり、指導員という資格もその継続のための手段です。この順序が大切です。始めに講習会ありきで指導員になる場合もあるでしょうが、カヌーが好きだという部分が最初になければ、継続はできません。

　仕事は、生計を立てる手段ですが、何かを作り出すことでもあります。カヌーの指導が何かを作り出すことを予感し、それを成し遂げるという仕事なのです。それで生計を立てていける人たちが増えれば、社会も変化するはずです。

3-4 挨拶から始まる

　講習会に際し、最初に行うことは挨拶です。挨拶が大切だということは、一般的に理解されていますが、今の社会では挨拶が持つ意義があまり理解されていない場合も多いようです。その意義が分からないため、挨拶がぎくしゃくすることもあります。では、挨拶とはいったい何なのでしょうか。

　日本語の挨拶は、一挨一拶という禅宗の言葉から生まれたものです。「挨」は、押し進めるという意味であり、「拶」は迫るという意味です。押し進め、迫るのが挨拶で、これは禅の修業をする人たちが行う問答のことを意味します。問答をすることで、悟りの深さが試されます。指導員の場合は、カヌーに関する理解の深さを試されるのが挨拶だということになるのでしょう。

　また、挨拶には、返事、儀礼、謝意、仲裁、紹介といった区分がありますが、指導員の挨拶は、カヌーへの理解から自然に醸し出されるものだと思います。もちろん返事や儀礼的な挨拶、謝意を伝える挨拶が大切なことはいうまでもありません。

　受講者が取り組みやすい場作りは、受講者と出会った時から始まっています。新しい人との出会いは緊張するのが普通であり、指導員や他の受講者たちとの人間関係の構築も必要になります。また受講者は、指導員に対し、安心して指導が任せられるだろうかという不安も持っていることでしょう。

　挨拶がうまくいくことで、意思の疎通（コミュニケーション）が円滑にいき、講習の質が向上することは、見逃せないことです。逆に表面的な挨拶しかできていない場合は、結果として意思の疎通ができず、安全管理に影響を与える場合があることも忘れてはいけません。カヌー指導は、水上というアウトドアで行われていますから、安全管理という面からも、挨拶は大きな役割を果たします。

　挨拶は習慣なのでしょうが、ビジネスの場では、挨拶の訓練さえ行われることがあります。カヌー指導員にも挨拶訓練が必要である、とまでは規定しませんが、受講者に対する心持ちや心構えがあれば、自然に適切な挨拶ができるものです。

　また、講習の始まりや終わりに行う儀礼としての挨拶も、区切りをハッキリさせるという意味で大切なものです。指導員と受講者という関係を、お互いが自覚することが大切だからです。

　注意すべきことに、受講者からの返事がないことが多々ある、ということがあります。何かを理解した際、必ず返事をするよう事前に確認しておくことを勧めます。水上での返事は、合図や信号といった側面があり、安全管理上で重要なことだと受講者に理解してもらいましょう。

　海で働く漁師や船乗りなどは、言葉使いが荒いとよくいわれます。それは一瞬の判断が生死を分ける場合があるからです。短い単語で緊急的な意味を伝えなければならない状況に陥ることは、カヌー講習においても想定しておくべきことです。

　また、受講者同士の挨拶にも気を配り、受講者同士のコミュニケーションが円滑にできるような場作りも大切でしょう。指導員が自己紹介をした後、受講者にも簡単な自己紹介をしてもらうのも挨拶の一環です。

3-5 体験講習会とは

　指導員、受講者の挨拶が終わった段階で、講習会が和やかな雰囲気になっていれば、次の段階へもスムーズに移行できます。しかし、講習会には時間の制約があるということも忘れてはいけません。また、講習会といっても、カヌーの初心者を対象にする、体験的な講習会もあれば、指導員を育てるための本格的な講習会もあります。ジュニア指導員が行う講習会は、前者のカヌー体験を目的にした体験講習会が主な現場になるはずで、時には「体験試乗会」などとも呼ばれます。

　体験講習会の目的は、カヌーの世界の入り口を正確に見てもらうということでしょう。体験できる時間は、午前中の３〜４時間か午後からの３〜４時間といったところでしょうか。もしくは、朝から夕方までの半日間という場合も多いはずです。

　これらの短い時間で、指導員はカヌーの魅力やカヌーの素晴らしさ、カヌーの社会的な役割などを伝え、実際にカヌーを漕いで、意義を実感してもらわなくてはなりません。しかも、手軽であることが条件とされることが多く、講習料も低く設定されるのが一般的です。そうなると、受講者の人数が多くなることが課題になります。短時間でどれだけ効果的な講習が行えるかが、指導員に求められます。カヌーの技術指導というより、カヌーの魅力を伝える技術が求められます。

　体験講習会の手順は、規定することはできてもマニュアル（手引き）化することは、相当に難しいことです。短時間での講習では、指導員の情熱や意気込みに左右されることが多いため、マニュアルでは表現できない部分が多々あるからです。

　一般的に体験講習会は、指導員にとって安易な仕事だろうという誤解が、社会にはあります。体験者を増やすことが目的だと思われることも多く、そのために講習料が低く設定され、規格化するかのような大量消費を進める考え方が当てはめられる場合もあります。ここに落とし穴があります。

　体験講習会は、カヌー経験者を効率よく大量生産することが目的ではありません。カヌー教育という環境教育の意義を理解してもらい、今や国策の一環ともいうべき、多岐にわたる環境教育の道へと進む人材を確保するという目的があります。そのために、多くの人に参加してもらえるような手軽さを追求しつつ、効果的な手法が同時に求められることになります。

　指導員が体験講習会に際して見据えるものは、的確さによる効率であり、基底にある指導員の哲学が何より重要です。分かりやすく書くと、底抜けにカヌーが好きな指導員が、面白く、意義を感じる体験講習会を行っているということです。そこに迷いが微塵もなければ、体験する受講者たちは、カヌーの魅力を指導員本人の姿から直接感じることでしょう。カヌーの魅力が伝わるのは、指導員がどれだけ深くカヌーに魅せられているかです。その姿勢が見えれば、体験講習会の受講者は、少なくともカヌーの魅力の一端に、必然的に気付くでしょう。

　ジュニア指導員は、カヌー技術の指導レベルの高さではなく、カヌーの魅力を感じさせてくれる人材であってほしいということです。そんな指導員が行う体験講習会が、魅力的な講習会となります。

3-6 セーフティトーク（事前の注意説明）

　セーフティトークとは、急流を下るラフティングやカヤックツアーなどで行う事前の注意説明のことで、慣用的な用語です。急流に危険性があることは一般的に認識されているため、事前に注意すべき点を説明することは当たり前のことですが、その説明のことをセーフティトークと呼んでいます。

　体験講習会におけるセーフティトークは、危険性を感じるような状況では行いませんから、少し意味が違ってきます。体験講習会の受講者は、初めてカヤックに触れる人たちがほとんどですので、カヌーの基本的な説明の中にセーフティトークの要素を含めます。

　初めての人たちの多くは、カヌーが転覆することを心配します。そこで「カヤックは、漕いでいる限りなかなか転覆しないものです」とか、「転覆してもPFDを装着しているため沈むことはないです」といったような説明をします。もし転覆したとしても、救援体制があることも説明します。また、水温や風の強さなどに受講生の注意がいくような説明も大事でしょう。水上と陸上は別の世界であることや、カヤックに乗った瞬間から受講者はそのカヤックの「船長さん」になるといった事実を伝えておくことも大切な要素で、これらの内容がセーフティトークとなります。

　ただ、セーフティトークを意識するあまり、カヌーが危険だという印象を与えてしまうことも考えられます。カヌーに乗ることが危険なのではなく、カヌーは水上の世界に出ていきますから、水上という自然環境にある危険性に対する心構えを伝えることが、基本的なセーフティトークだと思います。

　セーフティトークの内容を具体的に示すと、まず講習会の時間配分を伝えます。水上に浮かび始める時刻、休憩のこと、陸上に上がる大まかな時刻などです。昼食やトイレ休憩についての説明も必要でしょう。そして、講習が行われる水域の状況も伝えます。川であれば、その日の水量や水温でしょう。海であれば、水温や風の方向や強さの大まかな変化予想などを説明します。

　気温に関する注意も必要で、気温が高い日であれば、熱中症対策として予防的に水分補給をすることや、飲料水の携行の確認をします。逆に気温が低い日であれば、低体温症対策として保温性の高いウェアを着用しているか、などを確認します。

　こうしたセーフティトーク、つまり事前の注意説明があれば、受講者はある程度は行動の予測ができ、状況の変化にも対処しやすいのです。そうして無事に講習会が終われば、水上で得られる浮遊感や、水上から陸を見る視点の面白さ、水上を動く自由感などが受講者に伝わっているはずです。

　無事に体験講習会が終了すれば、次の段階として積極的にカヌーの深遠な世界に足を踏み出せることでしょう。大げさな表現をすれば、カヌーの体験講習会によって人生観が変わるのです。実際そう感じた人たちの中から、その後に指導員となった例は少なくありません。もちろん、指導員になろうとする人だけではありませんが、受講者にカヌーの魅力の一端が理解されることで、カヌーの社会的な役割が伝わっていきます。その役割を感じてもらうことも、体験講習会の目的ともいえます。

3-7 指導の手順

　体験講習会における指導の手順とは、カリキュラムのことです。手順を考える際には、いわゆる5W1Hを自問自答しておきます。なぜ講習会をやるのですか？（Why）。その意義や目的は何ですか？（What）。受講者は何を求めますか？（What）。受講者に何を伝えますか？（What）。準備するものは何ですか？（What）。どこで講習会をやりますか？（Where）。そこは安全なところですか？（Where）。どういった水域ですか？（Where）。開講時期はいつですか？（When）。誰がやりますか？（Who）。誰が受講しますか？（Who）。どう指導しますか？（How）。興味を引きだす方法は？（How）。などといった自問自答でしょうか。もちろん、これだけではありませんが、これらの自問自答によって、手順は自ずと決まってくるはずです。

　基本的な指導の手順として、以下のような流れを例として示しておきます。

　　1；開講の挨拶
　　2；セーフティトーク（事前の注意説明）
　　3；カヤックの各部の機能説明
　　4；スプレーカバー、PFDの着用と説明
　　5；パドルの持ち方と漕ぎ方の説明と陸上練習
　　6；カヤックへの乗り降りの陸上練習
　　7；スプレーカバーの装着の陸上練習
　　8；パドリングポジションの調整
　　9；準備運動の後、水域へ
　　10；指導を受けながらのカヤック体験
　　11；上陸
　　12；受講者に手伝ってもらいながら後片づけ
　　13；感想の発表
　　14；閉講の挨拶
　　15；運行日誌への記入
　　16；反省会

　以上の手順を講習会の時間枠の中で行います。時間の配分は時間枠によって変化しますが、なるべく水に浮かんでいる時間を長く取ることが大切でしょう。

中学生を対象にした体験講習会（山口県長門市、2011年）

3-8 気を付ける点と言葉遣い

　指導に際し、気を付ける点を整理しておくことも大切です。体験講習会を受講する人たちは、カヌーの楽しさやカヌーの世界に興味を持って参加しています。気を付ける点は、否定的な言葉をなるべく使わないことです。

　例えば、質問に対する答えが否定であっても、いきなり「いや、違う」ではなく「はい、分かりました」とか「そうですね」などと、まずは質問の内容を理解したという返事をし、それから質問に答えると、相手に対して否定的な言葉を使わずにすみます。

　また、カヤックを漕ぐのは受講者本人ですから、手取り足取り指導することはできません。受講者は、指導員の動きを真似しています。指導員は、自分の動きと言葉遣いによって指導しているということを理解しておきましょう。

　学ぶという言葉は、真似るという言葉と同源であり、学ぶことは真似ることです。学ぶは「まねぶ」とも読みます。同じ指導員から何度も指導を受けた人は、指導員を真似ていますから、似たような漕ぎ方を覚えます。その上で、自分の漕ぎ方を自分なりに習得していくというのが、一般的な上達の過程のようです。

　漕ぎ方は、体格や体力によって個性的なものになっていきますが、その初期段階で指導にあたる指導員の個性が、受講者に伝わるということを指導員は自覚しておくことです。指導された経験がなく、自己流や我流で漕ぎ方を構築してきた指導員もいるでしょうが、最終的に漕ぎ方は自身の流儀（スタイル）になっていくものです。それは、人それぞれの体格が違うためで、当たり前といえば当たり前です。

　体験講習会で指導できる漕ぎ方は、前漕ぎ、停止動作、後ろ漕ぎ、曲げ漕ぎぐらいでしょうか。それ以上の指導は、時間的に難しいのが現実です。しかし、それだけできれば、ある程度はカヤックを思い通りに動かせます。

　前漕ぎは、パドル水刃の表面を使い、停止動作や後ろ漕ぎは裏面を使います。水刃には裏と表しかないのですから、その両面を有効に使うしかありません。他の漕ぎ方は、そのバリエーション（変型）だということです。曲げ漕ぎは、さらにカヤックを傾けるという動作が加わります。カヤックを傾けながら漕ぐという動作が分かれば、カヤック漕ぎの深遠な世界が見えてくるはずです。

　また、水上ではある程度の距離がありますから、通常より大きな声を出す必要があります。受講者が正確に聞き取れることが大事です。

　技術的な説明は、言葉だけでは伝わらないことが多いため、実演によって伝えますが、実演は少し極端な方が分かりやすいものです。指導のための漕ぎ方があるということです。ユーモアを交えることも大切です。ユーモアは人を和ませる役割があるからです。ユーモア表現は、相手を思いやり、相手と対等に接しようとする人にしかできないといわれています。思いやりが足りなかったり、上からの目線があったりするとユーモアにならないということになります。

　ユーモアは日本語だと諧謔（かいぎゃく）ですが、機知（ウイット）、才気（エスプリ）、頓智、機転といった類語もあります。指導員には、ユーモアセンスを磨くことも求められるということでしょうか。とはいえ、あまり硬くならずに考えることです。

3-9 指導講習会とは

　体験講習会を受けた人が、次の段階の講習を受けたいという気持ちになれば、体験講習会が円滑に行われたことになります。その次の段階は、受講者だった人が指導する立場になっていく道筋を伝えることです。指導員を育てるための講習会ということになり、本書ではそれを指導講習会と称することにします。

　指導講習会は、ジュニア指導員が次の段階であるシニアへ移行するための講習会ともいえますし、ジュニア指導員が新しいジュニア指導員を育てるという講習会でもあります。この段階になると、受講者と指導員とが、より個人的なつながりになっていきます。師匠と弟子との関係とでもいえるでしょうか。

　カヌー公認指導員には、指導員を育て、指導員を増やすという役割も求められます。カヌー教育により、環境教育の指導側の立場になる人たちが増えることで、環境教育も促進されていきます。特に、水圏という水の世界の環境に入るための指導ができるのが指導員です。

　前述したように、環境教育の促進は、東日本大震災の発生後に生まれた環境教育等促進法によっても一応理解できますが、これからの日本の国是になる可能性があります。カヌー教育は、その環境教育を促進するための具体的な手段です。

　指導員を育てるのは、ジュニア指導員にも課せられたことで、使命の一部であるといえるかもしれません。育てることを学ぶことで、学びの循環がさらに繰り返され、自身の指導法も深まっていくことでしょう。

　本書は、指導講習会における教科書として使用されることを念頭に制作されています。本書の内容は多岐に渡りますから、指導講習会には相当な時間を要します。もちろん、座学だけではなく実習も同時進行で行われます。

　日本カヌー連盟が公認するカヌースクールは、年間6ヶ月以上を通して開校されていますから、体験講習会だけではなく指導講習会が継続して行えるような社会状況であることが望ましいのですが、日本の現状（2013年）は、そこまで到達しているとはいえません。

　指導講習会は、受講者の経験に応じたものとなります。主にレクリエーションカヤックを使用し、体験講習会の指導を意識した講習となる場合もあるでしょうし、シニア指導員としてより専門的な指導をする場合もあります。シニア指導員は、次章で解説しますが、川の流れの中での指導をするリバーシニア指導員と海における指導をするシーシニア指導員に分かれます。

　現実のカヌースクールは、川を主体にしたスクールと海を主体にしたスクールに大別されており、それぞれに地域性があります。ジュニア指導員によって開校されているカヌースクールであっても、川か海かという大別があり、さらに地域性があることになります。例えば沖縄県のスクールと北海道のスクールとでは、自然環境にかなり差異がありますから、指導講習会の要領を具体的に説明するには膨大な紙数が必要になり、本書では言及しません。

　本書の内容を充分に理解したジュニア指導員は、必然的にシニア指導員になっていくことでしょうから、その経緯の中で指導講習会も構築できていくはずです。

3-10-1　安全管理（リスクマネージメント）について

　講習会における安全管理（リスクマネージメント）には、公認カヌースクールの運営規程に規定される（規程は、各規定をまとめたもの）ものと、指導員が講習会を催行し、実際にカヌーを運行（運航）させる際に行う安全管理があり、講習後に振り返りを行うことも安全管理の一環になります。

　公認カヌースクールは、必ず運営規程を作成しています。指導員は、それらの規定によって講習会を運行しますが、水域という自然環境の中で行われますから、言葉や文字では言い尽くせない安全管理の運用方法もあるはずです。この運営や運行、運用といった言葉の違いも重要なことです。

　運営は組織の機能を発揮させるためにまとめて動かすことであり、運行は決まった路線をたどることで、運航は特に水上における運行のことです。そして運用とは、活用の仕方であり、カヌースクールの機能を用いることです。運用術という言葉がありますが、船舶を操縦する技術を意味します。加えて、本来の価値を活かすよう巧みに使うことも意味します。

　では、運営規程に盛り込まれる安全管理とは何でしょう。まず、講習を行うフィールド（陸域と水域）に関する情報です。特にフィールド内にある危険性の把握が必要です。携帯電話の通話範囲や消防、警察、病院の位置や距離も重要な情報です。

　運行時の自然条件の基準も必要です。気象情報の注意報や警報といった明確で客観的な基準と合わせて設定します。運行する判断の決定時刻をどうするかも規定します。水量や波高、視程などの基準も決めておきます。

　指導の手順を一応明記することも安全管理につながります。また、万一の事故への対応手順があります。事故が発生した際の行動基準の設定。そして、指導員の充分なレスキュー（救援）訓練と応急手当に関する処置法、そして保険の整備です。

　これらカヌースクールの運営規程を、指導員はすべて把握していなければなりません。基準を超えた場合は、いかなる事情があっても中止することが原則です。また、気象条件によって運行が中止された場合でも、陸上施設での座学などが催行できる場合もあるでしょう。そういった工夫も、運営規程に規定しておきましょう。

　講習中の安全管理は、陸上でセーフティトークを行い、受講者のウェアや体調の確認、装備の確認をします。水域に出たら、受講者の体調の変化、行動の変化を継続して確認し、自然の変化も確認し続けることが安全管理です。確認が充分に行えるよう、受講者と指導員の人数の比率（レシオ Ratio）も規定しておくべきでしょう。

　講習が終わり、受講者の体調の確認や、装備の確認も重要です。解散した後にはログブック Logbook（運行日誌）に必ず記入します。そこに書かれた記録を振り返ることも安全管理につながります。

　また、救命講習会への参加などは、地元の消防との交流にもなり、安全管理なのです。指導員が行うレスキューは、救援であり救助ではありません。安全管理は、万一事故が起こったとしても救援の段階で収まることが目的です。指導員は、環境教育と救援の専門家（プロフェッショナル）であり、あくまでも公的機関の救助隊や救難隊の支援者です。

3-10-2 安全確認について

　規定した安全管理を遵守するためには、実際の行動が伴わなければなりません。安全確認とは、行動することです。水域に漕ぎ出す前に、受講者それぞれの、その日の健康状態を確認しておくことは大事な行動です。また、カヤックに乗り込む際にも受講者の動きを確認しておくことも必要です。漕ぎの構えを指導する際にも受講者の身体的な特徴が確認できます。

　指差呼称という言葉をご存知でしょうか。鉄道職員などが行っている声を出して指差し確認をすることで、指差喚呼とも呼ばれます。鉄道の黎明期だった明治時代に、当時の運転士が始めた安全確認の方法で、以来現在まで継続して行われています。指差呼称の確認をすることで、ミスや誤りが軽減されることは証明されており、労働災害を防止する上でも推奨されています。特に交通機関の運行に際して行われていることは日常的に見られますし、ミスが許されない救助や救難の現場でも行われています。講習会に使用する装備の準備などに、指差し確認は有効な手法でしょう。

　また、声を出して確認することは多々あります。特に水上に出てからは、声掛けによる確認行動が必要になってきます。指導員の声掛けによる確認に対し、受講者が返事をするのは喚呼応答といいます。喚呼応答は、指差呼称の前段階で生まれた安全確認の手法です。これら指差呼称や喚呼応答は、危険予知をするための手法ともいわれ、工場などの作業にも取り入れられているものです。

　指導員が携行しているホイッスルは、合図のためだけでなく安全の確認にも使用します。そのため、ホイッスルの吹き方に意味を持たせ、例えば単音「ピッ」が聞こえたら指導員を注目するよう、予め受講者に伝えておきます。長音「ピー」が聞こえたら、指導員の近くに集合するといったような簡単な取り決めをしておけば、有効に活用できるはずです。

　水上での人数確認も重要な確認行動です。カヤックからの目線は低いため、確認しづらい場合があり、受講者に順に番号を言ってもらい人数を確認する場合もあります。指導員は、常に受講者の様子を確認しながら水上にいます。漕いでいる最中に受講者の状態（体調など）が変化することは多々あることで、その変化を見逃さないよう確認行動を続けることです。そのために、受講者から体調変化などの自己申告がしやすい雰囲気を作っておけば、確認行動の補助になります。

　また、水上という自然環境の中にいるため、自然の変化に対する確認行動も重要な要素です。日差しの変化があれば、雲の動きを確認します。風の変化にも敏感でなければなりません。自然の変化に敏感になるためには、日常的にアウトドア（自然環境）にいることがもっとも近道です。指導員は、意識してアウトドア、つまり日常的に水上へ出ていることを求められるということになります。

　講習後、ログブック（運行日誌）に記入することは、文章を書くことによる確認行動です。文章を書くことで思考が整理される場合は多いものです。書くことが苦手な人も、訓練すれば書けるようになります。今や多くの人が電子メールで文章を書く時代になりましたから、文章を書く社会的な環境ができていることも認識しましょう。

3-11-1 応急手当（ファーストエイド）について

　ジュニア指導員は、市町村単位に設置されている各消防本部主催の救命講習を受け、消防長が認定する「救命講習修了証」を取得しておく必要があります。この修了証は、もちろん公的な資格ですが、あくまでも一般市民に対しての資格です。救命講習には、普通救命講習（Ⅰ、Ⅱ）と、上級救命講習があります。普通Ⅰの修了証があればいいのですが、上級まで受講しておくことを勧めます。

　総務省消防庁は、都道府県知事あてに「応急手当の普及啓発活動の推進に関する実施要項」を出しており、その要項に則って救命講習は行われています。ただ、各市町村によって実状が違うため、完全に統一されていないことを理解しておきます。

　普通Ⅰは、心肺蘇生法一人法および大出血時の止血法が、救急車が現場に到達するのに要する時間程度できることと、AED（自動体外式除細動器 Automated External Defibrillator）について正しく理解し、正しく使用できることを到達目標としており、講習時間は180分とされています。心肺蘇生法はCPR（Crdio Pulmonary Resuscitation）とも呼ばれます。普通Ⅱは、普通Ⅰに加え筆記試験と実技試験があり240分の講習時間となります。上級は、加えて心肺蘇生法二人法、傷病者管理法、副子固定法、熱傷の手当、搬送法を習得することを到達目標とし、試験を含め480分の講習時間となっています。

　カヌー指導員を含め、一般市民ができるのは応急処置ではなく応急手当です。手当には、RICEの法則（次ページ）が推奨されます。応急処置を行うのは救急隊員ですが、手当であっても緊急性がもっとも高い「救命」のための処置が必要な事態も想定されます。呼吸が止まり、心臓も動いていない心肺停止の状態です。心肺停止に対処し、救急隊や医師に引き継ぐまでのCPRによる応急手当は、BLS（一次救命処置 Basic Life Support）と呼ばれます。また、BLSや止血に加え、骨折、脱臼、火傷、捻挫など緊急性の高い応急手当を一括りにして「救急処置」と呼ぶこともあります。

　BLSには、特殊な器具や医薬品を使いませんが、現在はAEDの使用ができるようになりました。医師の指示がなくても救急救命士がAEDを使用できるようになったのは2003年のことで、翌年に一般市民もAEDが使用できるようになりました。AEDは医療機器ですが、一般の市民が使用できる仕組みになっています。

　応急手当をファーストエイドという言葉に置き換えることがありますが、ファーストエイドには救急隊員や医師が行う応急処置も含まれます。また、カヌー指導員に求められる応急手当は、BLSを含めた救急処置に加え、アウトドアにおけるファーストエイドであるという認識も必要です。それをウィルダネスファーストエイド（WFA）と呼ぶ場合もあります。

　WFAは、1980年代に北米のカヤックガイドや登山ガイドによって生まれたもので、まだ歴史が浅いため公的な資格にはなく、民間の資格となっています。日本における応急手当は、救急隊の到達時間が割に短いため、WFAに関する議論があまり進んでいないのが現状です。とはいえ、WFAの必要性がないわけではありません。特に、WFAで重要とされる低体温症（ハイポサーミア Hypothermia）への対処法は、カヌー指導員が覚えておくべきことのひとつです。

一次救命処置（BLS）の手順

1: 反応なし → 大声で叫び応援を呼ぶ。119番通報、AEDを依頼する
   ↓
2: 呼吸を見る → 普段通りの呼吸あり → 気道確保。応援、救急隊を待つ。回復体位
   ↓
3: 呼吸なし
   ↓
4: CPR
   ただちに胸骨圧迫を開始する
   強く：成人は少なくとも5cm、小児は胸の厚さの約1/3
   速く：少なくとも100回/分
   絶え間なく：中断を最小にする
   人工呼吸ができる場合は30：2で胸骨圧迫に人工呼吸を加える
   人工呼吸ができないか、ためらわれる場合は胸骨圧迫のみを行う
   ↓
5: AED装着
   ↓
6: ECG解析、電気ショック → 必要なし：ただちにCPR（強く、速く、絶え間なく）
   ↓
7: 必要あり
   ショック1回
   ショック後ただちにCPR（強く、速く、絶え間なく）

救急隊に引き継ぐまで、または傷病者に呼吸や目的のある仕草が認められるまでCPRを続ける。

＊JRC蘇生ガイドライン2010より（JRC：日本蘇生協議会）

RICEの法則

基本的な外傷に対する応急手当の法則

R ：Rest 安静、固定………外傷の悪化防止
I ：Icing 冷却………出血の抑制や痛みの緩和
C ：Conpression 圧迫………出血や腫れの軽減
E ：Elevation 挙上（患部を上げる）………出血や腫れの軽減

3-11-2 低体温症（ハイポサーミア）について

　カヤックの死亡事故の最大の原因は、低体温症だといわれます。低体温症はハイポサーミア Hypothermia ともいいますが、低温障害のひとつです。身体の核温度（表面ではなく内部の温度）が一定レベルより下がったことで、筋肉や脳などの活動に異常が起こる状態のことです。人の体温は、37～36℃が正常な範囲で、36.5～35℃になると震え（シバリング Shivering）が始まります。35～34℃に低下すると筋肉の協調運動障害といわれるぎこちない動きになります。33～32℃になると脳の機能に異常が見られるようになり、すぐに意識を失います。28～25.5℃になると心臓が有効に動かなくなるため、死に至ります。低体温症によって死に至った場合が、凍死です。水難事故で溺死と診断されても、間接的であれ、原因が低体温症であるという意見が最近の知見になってきています。溺死や水死は、場合によっては凍死ともいえるのです。

　低体温症は、大人より子供の方がなりやすく、太った人より痩せた人の方がなりやすいものです。水中では、空気中の25倍の速度で体温が低下していくといわれますから、カヤックが転覆した際にもっとも注意すべきです。もちろん、気温が低い時や身体が濡れている時、風に晒される時も注意すべきです。

　低体温症の初期の兆候は、注意が散漫になり始めることです。次に目がかすんだり、身体が思うように動かなくなったりし、次に震えがきます。震えが止まらなくなったら、自分で身体を暖めることができない状態になっています。その時点で、すでに重症の一歩手前です。低体温症は急速に悪化すると覚えておきましょう。さらに症状が進むと震えが止まり、悪化が加速します。したがって、最初に震えがきた時点で、低体温症に陥っていると判断しなければなりません。

　講習会中に受講者が低体温症に陥るということは、安全管理ができていないということです。装備の確認やウェアの用意などの準備は、ほとんどが低体温症に対する予防であるということを、指導員は充分に理解しておきます。

　万が一、震えの始まりなど受講者が初期段階の低体温症に陥った場合は、一刻も早く上陸させることです。上陸したらすぐに保温できる場所に移動させます。時にはカヤックごと運ぶことも必要です。カヤックから出るとさらに体温が下がるからです。乾いた衣服に着替えさせ、断熱することによってそれ以上体温が下がらない状況を作ります。効果的なのは寝袋に入れることです。通常、講習会の装備に寝袋やテントは入れませんが、指導員は個人的にカヤック旅用の寝袋やテントを常識的に所有していると思います。特に寒い日は、寝袋を用意しておく注意深さも必要でしょう。

　その後、身体を少しずつ暖めていきますが、注意すべきは「急激に暖めない！」です。いきなり熱いお湯に浸したり、手足をさすったり、運動させたり、熱い飲み物やアルコールは厳禁です。なぜなら、冷たい血液が身体の芯に流れ込むことで、さらに体温を下げるからで、それをアフタードロップと呼びます。アメリカのコーストガードが勧めるのは、お湯にタオルを浸し頭や首、脇腹、股などをゆっくり暖める方法です。使い捨てカイロも有効でしょう。対処法として「断熱と柔らかい熱源」と覚えておくのがいいかもしれません。初期症状を過ぎていると判断したら、すぐに救急隊を呼びます。

3-11-3　熱中症（ハイパーサーミア）について

　夏季のカヌー講習会では、熱中症に対応することが、指導員はもとより受講者にも求められます。熱中症は、暑熱障害や高体温症、ハイパーサーミア Hyperthermia とも呼ばれますが、いわゆる病気による発熱ではなく、「暑さ」によって身体が不調になる様々な症状を意味します。カヌー用語では、ハイポサーミアと並んでハイパーサーミアと呼ぶことも多いのですが、熱中症と呼んだ方が分かりやすいでしょう。

　元々カヤックは、極北地方で生まれたものであり、基本的には「寒さ」に対応できるような構造になっています。日本の夏はカヤックにとっては、かなり高温多湿であるため、少々不具合があります。その筆頭がスプレーカバーです。下半身が密閉されるため、熱がこもり、熱中症になりやすい条件になります。しかも、夏季の水温は高く、特に黒潮の影響がある場合、海水で身体を冷やすことがままならないという状況になることもあります。

　熱中とは「熱にあたる（中る）」ということです。暑気あたり（暑気中り）や「鬼の霍乱（おにのかくらん）」の霍乱は、漢方でいう日射病のことで、日射病は熱中症のひとつの症状（中等症）です。

　熱中症には、概ね3段階の症状があり、軽症（1度）の場合は、熱痙攣や熱失神（熱失神は2度に分類されることもあります）と呼ばれる症状で、中等症（2度）では熱疲労や日射病となり、重症（3度）になると熱射病になります。

　熱中症は、多量の発汗によって脱水や塩分の不足に陥った時や、日射による血管拡張、運動することで血流が増えて相対的に血圧が低下した時などに引き起こされます。炎天下でカヤックを漕ぐことは、まさに悪条件を満たしていることになります。したがって、予防することと初期の段階で対処することが、非常に重要です。

　予防には、帽子を必ず被り、過度の日焼けを防ぐ服装をします。講習の前に水分補給しておくことも効果的です。水分が小腸で吸収される塩分と糖分の入ったスポーツドリンクや経口補水液などでの水分補給が効果的でしょう。

　講習中は、のどが渇く前に水分補給するよう意識してもらい、スプレーカバーをはずしてもらうこともあります。身体を濡らすことも大事で、濡れたシャツが乾くことで気化熱を奪い身体を冷やしますから、乾きやすい化繊のシャツが適しています。綿製品は乾きが遅く、身体を冷やし過ぎる傾向があるので不向きです。

　めまいを感じたり、吐き気がしたり、汗が止まらなくなったり、筋肉がこむら返りしたりするような症状が現れたら、すでに熱中症です。熱中症と思われる症状が出たら、すぐに上陸してもらい、日陰やクーラーのある涼しいところで足を少し高く上げて寝てもらいます。足を高くすることで血液の循環が一時的に良くなります。もちろん水分補給もします。身体を冷やすには、脇の下や首、股の内側が効果的です。また、中等症だと判断したら、すぐに救急車を手配します。

　また、初めてカヤックを漕ぐ受講者の中には船酔いする人もいます。その場合、熱中症なのか船酔いなのか分からないこともあります。船酔いは、上陸してしばらくすれば回復しますから、熱中症と考えて対処すべきでしょう。

3-11-4　生存技術（サバイバルテクニック）について

　本書では、応急手当に関する実際の手順にまでは言及しません。応急手当に関する知識や実践は、カヌー指導員としてではなく日本国民として学ぶべきことだからです。また、応急手当に関して深く言及するとなると、本書のページ数ではとても足りませんし、医療を専門とする執筆者も必要になるからです。

　とはいえ、2011年の東日本大震災が始まった直後の惨状を考えると、これからの日本国民には、自然災害に遭遇した際の生存技術（サバイバルテクニック）や、自然災害に起因する傷病への応急手当の知識と実践が求められているはずです。当然ながら医療現場との連携も求められます。

　消防が行っている救命講習に関しても、本来の業務の狭間を縫って行われているケースが多く、救命講習を専門にする指導員が全国的に不足していることは明らかです。日本赤十字社や日本ライフセービング協会を始め、様々な民間機関が生存技術や応急手当、さらにはWFAに関する啓発活動や講習会などを行っていますが、国策として徹底され行われているわけではありません。

　JRCAのカヌー指導員は公的な資格ですから、指導員になることは公的な人材になるということです。そこには責務が発生しています。指導員はカヌー技術の指導をしますが、それは水域における生存技術として活用できるものです。応急手当も生存技術の枠内にあります。つまり、カヌー指導員は生存技術を一般市民に伝える一端を担っているということになります。

　半日程度の救命講習を受けただけでは、応急手当が実践できるレベルにはなりません。指導員は、カヌー技術の向上と同時に、もしもの際の応急手当ができるよう努力する必要があるはずです。カヌー指導員としてだけでなく、救命講習の講師ができる応急手当普及員や応急手当指導員（一般向けは一部自治体のみ）といった公的な資格があることも覚えておきましょう。

　また、指導員はカヌースクールのみで指導ができる資格ですから、ジュニア指導員とはいえ、カヌースクールを経営する立場にもなります。したがって、カヌースクールを存続させることも生存技術のひとつでしょう。指導員には経営上の生存技術も求められるということで、それが危機管理（クライシスマネージメント）や安全管理（リスクマネージメント）といった概念になります。

　また、ジュニアの指導員は、主に公的な機関でカヌー指導を行う場合に向けた資格として位置付けられています。民間のカヌースクールであれば経営することは当たり前ですが、公的な機関で働いている場合、経営感覚はあまりないように思われます。しかし、公的機関に雇われているとはいえ、指導員は講習会を経営しているのです。講習会がカヌースクールであり、指導員はカヌースクールの経営者ともいえます。

　公的な機関における役職の上下関係に、講習会の経営が左右されるようでは困ります。組織全体の経営方針にカヌースクールが採用されているのですから、指導員はカヌースクールの経営者という自覚が必要でしょう。組織全体の経営にカヌースクールの経営がプラスになれば継続は可能でしょうから、指導員の経営的な生存技術も試されます。

3-12-1 賠償責任保険について

　指導員は、カヌースクールでの指導ができる資格ですから、カヌースクールが加入すべき保険についての知識も必要です。保険については、社会保障の一部である公保険や私保険といった分類や、公営保険、私営保険といった分類などがあり、また強制保険、任意保険、生命保険、損害保険など、非常に複雑で多岐にわたるものがあります。保険の全貌を理解するのは相当に難しいことで、個人の状況によって学んでいくべきものでしょう。しかし、カヌースクールを開設するために必要な保険があり、特にその保険について指導員は理解しておく必要があります。その保険が、賠償責任保険と呼ばれるものです。

　賠償責任保険というのは、万一カヌースクールで事故が発生し、その責任がカヌースクール側にあるとされた場合に賠償できるよう考慮された保険のことです。指導員本人に対応する個人賠償責任保険もありますが、カヌースクールの場合は、施設所有管理者賠償責任保険と呼ばれる保険への加入が必要です。これは一般企業向けの賠償責任保険ですが、カヌースクールを開設するには、必ず加入しなければなりません。それに加え、受講者には国内旅行傷害保険に加入してもらうことを推奨しています。

　また、1995年に起こった阪神淡路大震災によって、日本ではボランティアという言葉が一般化してきました。さらに、東日本大震災の始まりにより、ボランティア活動は社会的に重要な活動となっています。しかし、ボランティア活動によってボランティアが怪我をしたり、ボランティアが他人に損害を与えたりするといった問題が生じる場合もあります。そのために、ボランティアにも傷害保険や賠償責任保険が必要になってきました。特に、ボランティア活動を組織的に主催する場合には、ボランティアに対する保険が必要な時代になっています。

　元来、ボランティアというのは「志願兵」のことです。現在の日本には兵士がいないため、志願兵という言葉は社会にはそぐわないものですが、災害時に大きな働きをする自衛隊員などは、実質的なボランティアです。つまり、一般の市民によるボランティアも、自衛隊員のような働きが求められる場合もあるわけです。

　カヌー指導員も、そういった意味でのボランティアであり、カヌースクールはボランティア活動の主催者という見方もできます。したがって、カヌースクールにも指導員や受講者を守るという観点から、施設所有者賠償責任保険が必要になります。

　カヌースクールとして加入する施設所有者賠償責任保険は、直接的に保険会社と契約する場合や、条件によっては全国の社会福祉協議会などが提供する行事保険などに加入できる場合もあるでしょう。

　また、個別の公認カヌースクールが、社会教育関係団体と判断されれば、日本カヌー連盟が加盟する日本体育協会と関係している公益財団法人スポーツ安全協会が契約する「スポーツ安全保険」に加入できます。この保険は、傷害保険と賠償責任保険を一括で契約した保障制度です。

　社会教育関係団体とは、スポーツ活動、文化活動、ボランティア活動、地域活動を行う団体であり、そう判断されない団体は、家族だけで活動する団体、プロスポーツ、営利活動を目的とする団体と規定されています。

3-12-2 指導員の責任

　万一、指導員やカヌースクールの過失によって事故が起こった場合は、過失に対する責任が生じます。この場合の過失は、法律上の過失のことです。法律上の過失には、刑法における過失と民法における過失があります。過失があれば損害賠償の責任を負いますが、過失がなければ責任を負わないというのが過失責任です。しかし、過失や故意がなくても損害が発生した場合に賠償責任を負う無過失責任という責任もあります。法律上の過失には、責任の内容に違いがあり、刑法における責任は、刑事責任といい、民法においては民事責任といいます。

　過失責任は、被害者が加害者に過失があることを証明しなければなりません。しかし、公害問題などで多くの被害者が出るようになり、矛盾が多くなったため、それを是正するために講じられるようになったのが無過失責任のようです。

　責任には、法的なものだけではなく道義的な責任もあります。カヌースポーツでは自己責任を重視する傾向が強いため、より道義的な責任を重視します。道義的な責任には、当然ながら法的な責任に対応するという責任も含まれるでしょう。保険に加入することは、道義的な責任を果たす意味でも重要なことのはずです。

　また、責任には政治的な責任や社会的な責任といったものもあり、指導員は社会的な責任を負っています。事故の発生は、他の指導員やカヌースクールにも影響が及び、さらにはカヌースポーツという文化に対しても影響を与えます。

　さらに、カヌー事故は海難審判法という法律にも関わります。河川や湖沼で起こった事故であってもカヌー事故は海難と見なされており、国土交通省の特別機関である海難審判所が、懲戒を行うための審判を行います。

　海難審判は、刑事裁判ではなく行政審判と呼ばれるものです。海難の原因を究明し、それが故意なのか過失なのかといった裁決が行われ、それによって業務停止などの行政処分が行われます。以前は地方海難審判庁と高等海難審判庁による二審性でしたが、2008年からは海難審判所となり、一審性に移行しました。裁決に不服がある場合は、司法裁判所に提訴することができます。

　以上のように、責任には様々な観点があることを、指導員は心して活動しなければなりません。カヌースクールの開設に必要な施設所有管理者賠償責任保険の加入が、近年難しくなる傾向もあるようですが、その理由にはカヌースポーツがまだまだ社会に正しく理解されていないこともあるでしょう。指導員は、カヌースポーツを社会に正しく理解してもらうための先駆けでもあるのです。

　カヌー公認指導員が様々な観点からの責任を、日々果たしていくことで、カヌースポーツが日本社会に根付き、環境問題や教育問題などを解決しようとする人材を輩出していくことが期待されています。しかも、その道筋もすでに見えていると思います。その道筋を理解し提示するためにも、本章の指導要領と安全管理の内容を参考にし、その上で熟考しながら実践してもらいたいと思います。カヌースポーツの指導は、カヌー教育であり、環境教育でもあるという認識を強く持って活動していただきたいと考えます。

公認カヌースクールのリバーカヤック講習会。(MOC モンベル・アウトドア・チャレンジ)。
指導しているのは、MOC 校長でもある JRCA 会長です。

第4章

シニア指導員について

About Senior Instructor

4-1-1 シニア指導員とは

　JRCA には、ジュニア指導員の次の段階として、シニア Senior 指導員という資格が設けてあります。カヤックを使った指導を、より専門的な方向へ指南する役割がシニア指導員で、指導を行う水上の領域が拡がります。シニア指導員の検定に関する講習も 3 日間になります。検定講習の前には、相応の訓練や学びが必要です。

　シニア指導員が活動する水上領域は、主に岸に沿った海（沿海）と、流れのある河川（河流）です。この領域の違いによって、漕法や状況判断、自然環境などに差異があり、そのために専門性が高くなります。

　そこで、シニア指導員には沿海で指導するシーシニア Sea Senior 指導員と、河流で指導するリバーシニア River Senior 指導員という区分が設けてあります。検定講習や検定に使用するカヤックもリバーカヤックやシーカヤックになり、より先鋭的なカヤックを使用することになります。

　また、シニア指導員には、ジュニア指導員を育てるという役割もあります。体験講習会でカヌーの魅力に気付き、その後に指導員を志す人に対して指導講習会を継続的に行い、ジュニア指導員として育て上げることです。さらにジュニアからシニアへとステップアップするための講習もシニア指導員の役割に入ると考えられます。

　シニア指導員の次の段階には、マスター Master 指導員という資格があり、やはりシーマスター Sea Master とリバーマスター River Master に区分されます。マスターは、ジュニアやシニアの検定が行える資格です。さらに、検定の合否を決定する検定員、イグザミナー Examiner という資格があります。

　マスターやイグザミナー資格は、検定ではなく推薦によって任命されます。推薦されるには、カヤックの経験はもとより指導員としての実績も必要になり、一朝一夕で推薦されるものではありません。イグザミナーはシニアの中からマスター候補を推薦します。その推薦を受け、JRCA 会長の承認により任命されます。

　またイグザミナーになるには、マスターの中から JRCA 理事が推薦します。そして、理事の過半数が承認に賛成したという議決が必要になります。その上で JRCA 会長が任命することになっています。こうした資格区分があることは、カヌースポーツの世界を、基礎段階から学んでいくことを目的にしているからです。

　シニア指導員は、カヌーの技術に加え、水上を移動するために必要な、自然という環境に関する知識や経験の蓄積を求められます。シーシニアは沿海という陸に近い海の環境を、リバーシニアは河流という流れる河川の環境を、自身の体験と知識によって知覚し続けることが求められます。

　水上の環境は、陸上や空中、さらに水中、水底の状況にも関係します。また、水が自然界を循環しているということを理解しておく必要もあります。さらには、気象による水上の変化も理解しておかねばなりません。気象が水上にどういう変化を起こすかということを認識することです。

　シニア指導員に求められるのは、カヌーの技術に加え、水上という環境に関する知識を深め続けていくことなのです。

4-1-2 シニア指導員の方向性

　シーシニアは、シーカヤック全般に関する指導を行いますが、その方向性や内容は、海洋教育の範疇に入るという側面があります。水圏のほとんどを占める海ですが、海に関する理解を深める手段としてシーカヤックが充分に活用できるからです。シーカヤックによる海旅（シーカヤッキング）は、海を深く理解していくための基礎的な手段であり、海と陸との関連性に関する理解もできていきます。

　また、シーシニアは日本特有の海洋文化について、理解を深める必要もあるでしょう。海洋文化を知ることで、海でカヤックを漕ぐことの理由や意義が理解できるからです。世界的に類を見ない海洋文化を持つ日本だからこそ、シーシニアにとっては大切な知識になります。

　リバーシニアの指導の方向性にも、河川という環境や河川文化の知識が求められます。日本には3万本以上もの河川がありますが、河川の環境は、護岸工事などによって本来の機能が妨げられているという見方があります。そのことは、社会問題になるはずですが、表立って問題にされることが少ないのが現実です。本来、河川とは何なのか、それをカヌースポーツの視点から考えなければなりません。

　リバーシニアになるための講習では、近年リバーカヤックが多様化したことで、より先鋭的な急流用のカヤックを使う場合があります。急流のことは、ホワイトウォーター（白く泡立つ流れ）という、外来語を使うことがカヌーの世界では定着しています。リバーシニアはホワイトウォーター用カヤックの指導員だと考えていいでしょう。

　川下りのことを、近年はリバーランニングと呼ぶ場合もあります。それは、川の流れの多様な変化に対応しながら、より積極的に流れの変化を使う遊びで、嗜好性（趣味性）の強い活動様式（スタイル、遊び方）です。さらに川を下る行為を、あえてダウンリバーとも呼びます。その方が新しい価値観として表現できるからでしょう。

　リバーランニングは、流れに任せて川を下る旅というより、流れの変化が大きな急流や激流の中で、まるでカウボーイのロデオ（荒馬乗り）のような漕ぎ遊びをしながらのダウンリバーを意味します。この、カヌーによるロデオのようなスポーツは、すでに世界的な競技になっており、カヌーフリースタイルと呼ばれます。ICF（国際カヌー連盟）によるワールドカップも開催されています。また、静水域で行うバレエやフィギュアスケートのように優雅な技を競うフリースタイルの世界もあります。

　カヌーフリースタイルのワールドカップに出場する日本選手を選考するための、日本選手権も開催されており、2010年からはJCFが主催しJRCAが開催を担当しています。スキーの世界などにもフリースタイルがありますが、カヌーフリースタイルも新しい競技であり、まだ黎明期の段階であるため今後の発展が期待されています。

　こういった背景が河流域のカヤックにはあり、リバーシニアにはフリースタイルの世界まで意識した感覚が期待されています。ロッカーの強いカヤックであるリバーカヤックには、音楽のロックンロールに近いリズム感があり、若者が好む傾向にあることも特徴です。

　ということで、本書が作られた2013年において、シニアの世界には発展すべき要素が多く考えられます。それらの状況を踏まえるのが、シニアの方向性です。

4-1-3 シニア指導員の指導範囲

　シニア指導員は、ジュニア指導員が行う講習の要素に加え、日帰り旅の指導までがその範疇に入ります。日帰り旅は、日中に行われ、夕方までに終了する1日の旅（デイツーリング Day Touring）です。暗くなる前に陸に戻ることが前提です。これはツーリング講習と呼ぶべきもので、シーシニアであればシーカヤッキング（海旅）の講習であり、リバーシニアはリバーツーリング（川旅）の講習になります。

　シーシニアには、シーカヤッキングと呼ばれる海を旅することの面白さ、奥深さ、その気付きを受講者に理解してもらえるような指導が求められます。したがって、シーシニア自身が海旅に精通していく決意が必要です。そんな決意が受講者に伝わっていくはずです。

　シーシニアに関する技術的な内容は、本書では深く言及しません。それは、JRCAが推奨するシーカヤック用の参考図書があるからです。本書と同じ海文堂から出版されている「シーカヤック教書」がそれです。この本は、東京海洋大学の水圏環境リテラシー学実習のために作られたものですが、シーカヤックスクールでも使用できるように考えられています。したがって、本書のシニア指導員に関する内容は、リバーシニア指導員に関するものを優先します。リバーシニア指導員が活用できる教科書は、今のところ見当たらないのが現状だからです。

　リバーシニアは、ゆったりと川を下る「川旅」に加え、リバーランニングのような、積極的に流れを楽しみながらの川旅に関する技術が求められます。リバーランニングと呼ばれるカヌースポーツは、まだ歴史が浅いのですが、それはリバーランニング用のカヤックが生まれてまだ日が浅いため（2013年の時点）だと理解してください。

　当然ながら公認カヌースクールにおける指導ですから、運営規程に則り、充分な安全管理を行いながら、可能な範囲で行われます。したがって、シニア指導員が所属するカヌースクールの運営規程には、ツーリング講習のための様々な運営規定が求められ、シニア指導員には、水上を旅するための心得を会得する必要があります。

　水上の旅というのは、航行することを意味します。「航（こう）」とは、船で水上を渡ることです。つまり、シニア指導員には船乗りであるという自覚が必要であり、船乗りにはシーマンシップ Seamanship が求められます。

　シーマンシップは船舶操縦術と訳されますが、もっと広い意味合いがあります。本来のシーマンシップとは船の出港から航海そして入港まで、航程のすべてを安全に行うための水上で生きる術です。水上の掟に従って行動するという意味で、本来の日本語では航海術（航行術）です。船舶操縦術は、運用術という別の言葉があります。

　シーマンシップを航海術として理解するための標語があります。大正時代の日本海軍で作られたもので、今でも充分通用します。以下がそうです。

　「スマートで、目先が利いて、几帳面、負けじ魂、これぞ船乗り」です。この標語を、ぜひ覚えていただきたいものです。

　カヌーの旅には、現代の航海計器はほとんど使いません。したがって、原初的な航海術が必要です。動力も自分自身の力です。カヌーの航海術は、技術というより芸術に近い感覚のもので、日本の伝統文化でもあったはずのものです。

4-2 リバーシニア指導員について

　リバーシニアは、河流域における指導員ですから、流れ（水流）に関する専門性が求められます。リバーシニアが活動するのは主に川（河川）です。川というのは、基本的には絶え間なく水が流れているところで、その流れが河流であり、河流は地表にある水が、重力によって上流から下流、つまり高いところから低いところへと辿っていく流れを意味します。

　海の流れである潮流は、潮汐波（潮浪）という潮の満ち引きを起こす波による流れです。河流と違い、流れが1日に4回ほど逆転する流れです。潮流と河流とでは、成因が違いますが、流れることに変わりはありません。強い潮流があるところでは、流れに対処する必要があり、そういった海域で活動するシーシニア指導員には、流れに関する知識や体験も必要になります。

　日本列島には、国土交通大臣の政令によって指定された一級河川が1万4000本ほどあり109本の一級水系があります。河川は、河川法という法律の適用を受けます。

　二級河川は、一級水系以外の公共の利害に関係する水系である二級水系を流れる河川です。こちらは都道府県知事が指定する河川で、国土交通省の省令によって定められています。二級河川は7000本ほどが指定されています。

　また一級河川、二級河川に指定されていない河川は、準用河川と呼ばれ、水系としては単独水系になります。市町村が管理しており河川法が準用されるのでそう呼ばれます。準用河川数は1万4500本程度になります。

　日本には、河川法に関わる河川だけで3万6000本も流れているわけです。さらに河川法の適用を受けない河川もあり、そちらは普通河川と呼ばれます。

　河川法は、基本的に治水と利水の観点から作られた法律です。治水とは、河川の氾濫による洪水を防ぎ、水運や田畑に水を入れる灌漑の便を良くすることです。利水の方は、水の流れを良くすることであり、結果として河川水を農業や工業、生活などの用水に利用するという意味です。

　ところが、カヌースポーツが求めるのは、治水や利水ではなく川の流れの利用であり、いわば「利流」です。つまり河川法の目的とカヌースポーツが求めるものにはズレがあったわけですが、1997年に河川法の改正が行われ、治水、利水に加え、環境の整備、保全などが目的に加わりました。河川の環境保全や流れそのものの利用が推進しやすい状況が生まれたのです。

　改正の背景には、カヌースポーツの普及が進んだことも関係しているようです。流れそのものを利用する観点が入り、環境保全という目的が河川法に入ったのです。改正の翌年には「川に学ぶ社会を目指して」という方針も国交省から出されています。

　リバーシニアは、川に学ぶ社会を作る上で欠くことのできない存在です。流れを使って遊び、川旅（リバーツーリング）をすることで川を学び、さらに河川における安全管理の専門家というべき存在にもなれるはずです。その上で、受講者に川下りや川旅の楽しさを伝え、その意義を伝えねばなりません。川の流れを理解し、環境保全を積極的に行い、環境整備に関しては、河流を利用するという立場から様々な場面で提言ができるよう、知識や心構えを持つことが大切です。

4-3 リバーカヤックの特徴

　本書でいうリバーカヤックは、長距離の川旅用ではなく、流れでの操作性、耐衝撃性を重視し、流れでの川遊びを目的にするものです。リバーシニアは、流れでの指導員ですから、まずは流れを積極的に使う遊びに長けていることが求められます。

　川には、障害物で形成される危険な箇所が点在しています。特に速い流れには、対応するために直進性を犠牲にして回転性を確保し、自在に危険回避ができる性格のカヤックが必要になります。舟底が丸みを帯び、直進性を生む舟底の前後方向中央部の尖部であるキールライン Keel Line（キール線、首尾線）がないのが、最大の特徴です。リバーカヤックは1回の曲げ漕ぎで、充分に方向転換ができるのです。

　逆に、流れが緩やかな大河を旅する際は、回転性よりも直進性を重視したカヤックが向いています。時にはシーカヤックがその範疇に入る場合もあります。

　リバーカヤックを漕ぐための大事な要素のひとつに、フィッティング Fitting と呼ぶ行為があります。漕ぎの構え（パドリングポジション）を作るための言葉ですが、ジュニア段階やシーカヤックの場合よりさらにフィット感（ぴったり合う感覚）の調整が求められます。それだけ俊敏に動く必要があるからです。

　フィッティングとは、腰や膝、尻、足先をリバーカヤックにぴったりと合わせることで、カヤックに時間差なく力を伝えるために必要な調整のことです。近年のリバーカヤックには、座席位置や腰部の隙間、太股押え（サイブレイス Thigh Brace）、足掛け（フットレスト）などがあり、調整がより細かくできるように工夫されています。

　また、リバーカヤックは漕ぎ始めの速さ（初速）が速いのも特徴です。回転性を高めるためでカヤックの全長（艇身）は短くなり、同じ力で漕いでも艇身の長いシーカヤックのような速度（艇速）は出ません。しかし、突進力（ダッシュ力）が強いので、障害物の回避が容易になります。

　ホワイトウォーターの中では、転覆する場面が増えます。しかし、転覆する前の押え漕ぎ（ブレイス）による回復（リカバリー）が容易にできるのも特徴です。また、転覆しやすいということは、回転して起きること（ロール）も容易だということです。リバーカヤックの特徴は、まさにその点にあります。

　もちろん、転覆後に脱出（沈脱）しやすい構造も兼ね備えていなければなりません。太股を押えるためのサイブレイスは、沈脱しやすいよう漕艇席（コックピット）の開口部を大きくしたために必要になった装備です。開口部が大きいリバーカヤックをラージホール（Large Hole）と呼ぶこともあります。

　ジュニア指導員であっても、河川で指導を行うカヌースクールの場合は、リバーカヤックを使用することがあります。受講者にリバーカヤックの体験をしてもらうこともあるでしょう。したがって、ジュニア指導員を目指す段階からリバーカヤックで訓練することもあるのです。そうすればジュニアからリバーシニアの段階へのステップアップも円滑になると思われます。

　また、ゆったりした川旅を指導する場合もあり、積載量の多いフォールディングカヤックを使うこともあります。リバーカヤックに精通していれば対応できるはずです。

4-4 川の流れを理解する

　川には常に流れ River Flow がありますが、よくよく観察すると、あきらかに流れているところと、流れていないように見えるところがあると分かります。また、流れているところであっても、決して一定の速さで流れているというわけではなく、流れの速さに変化があるのが、実際の流れです。

　流速は、急に浅くなる河床（川底）や川面近くにある岩などの障害物で、水深が変わることで変化します。流量が増えると流れの方向さえ変化します。流速が速く流量が増えるほど、安全で楽しいカヌーを行うために求められる知識や技術段階も上がります。

　基本的には、河床の勾配が急であればあるほど流速は速くなります。そのため、源流部や上流部の勾配が急な区間では、要求される技術が高くなることになります。

　川の流れは、基本的に中央にいくにしたがって水深が深くなるため、そこに多く水が集まります。川岸や河床から受ける抵抗が弱まるため、流速も上がります。もっとも流速が上がるところは本流（主流、メインフロー Main Flow）と呼ばれます。本流の河床に岩などがあると、ウェーブ Wave（川波）やホール Hole（落ち込み）といった特徴ある速い流れ（早瀬、ラピッド Rapid）になり、ホワイトウォーターが出現します。ウェーブやホールを乗り越えることがリバーカヤックの醍醐味のひとつですが、こうした用語は、リバーカヤックの世界だけで使われる、いわば専門用語です。

　例えば、断崖沿いや護岸された直線的な岸に近づくと、抵抗を受けて水の流れは弱くなりますが、岸から本流へ向かう螺旋状の流れが生まれます。螺旋流（ヘリカルフロー Helical Flow）などと呼ばれ、岸へ向かうカヌーを本流へ押し戻す力になります。

　川面から出た岩や、突き出た川岸のような障害物に流水が当たると、障害物を迂回する流れが発生します。流れが障害物を迂回する際に流速が早まり、障害物の後背部（下流側）は本流より低い水圧になります。このため、本流との圧力差で後背部にある水が障害物の裏に引き寄せられ、さらに下流の水を引き寄せます。するとそこに渦の流れが発生します。この部分をエディ Eddy（渦流）と呼びます。極端に河川が湾曲している内側や、急に川幅が広がる岸側にもエディができます。

　エディは、本流との流速差によって強弱が変化します。流速差が大きいと比例して圧力差が大きくなり、エディは強くなります。エディの中でも障害物に近い上流側が強く、下流に行くほど穏やかになり本流の影響（下流への流れ）を強く受けます。

　また、川幅が広くなり、水深も深く、河床の傾斜が緩やかになるところがあります。そんなところは潴（プール Pool、深い淵）といい、流れが穏やかなことが特徴です。

　河川の両岸を区別する際は、上流から下流に向かって右側を右岸といいます。英語ではライトバンク Right Bank となります。左側は左岸で、レフトバンク Left Bank です。河川では、常に下流に向かって方向性が決められています。

　水量によっても水の流れは変化しますが、水量の指針は流量です。流量によって流れの難易度もある程度理解できます。流量は、立方メートル／秒（CMS：cubic meter per second [m^3/sec]）で表す場合と、トン（ton/sec）で表す場合があります。1立方メートルの水の重さは約1トンですから、単位は違っても数値は同じになります。

1-1：河流

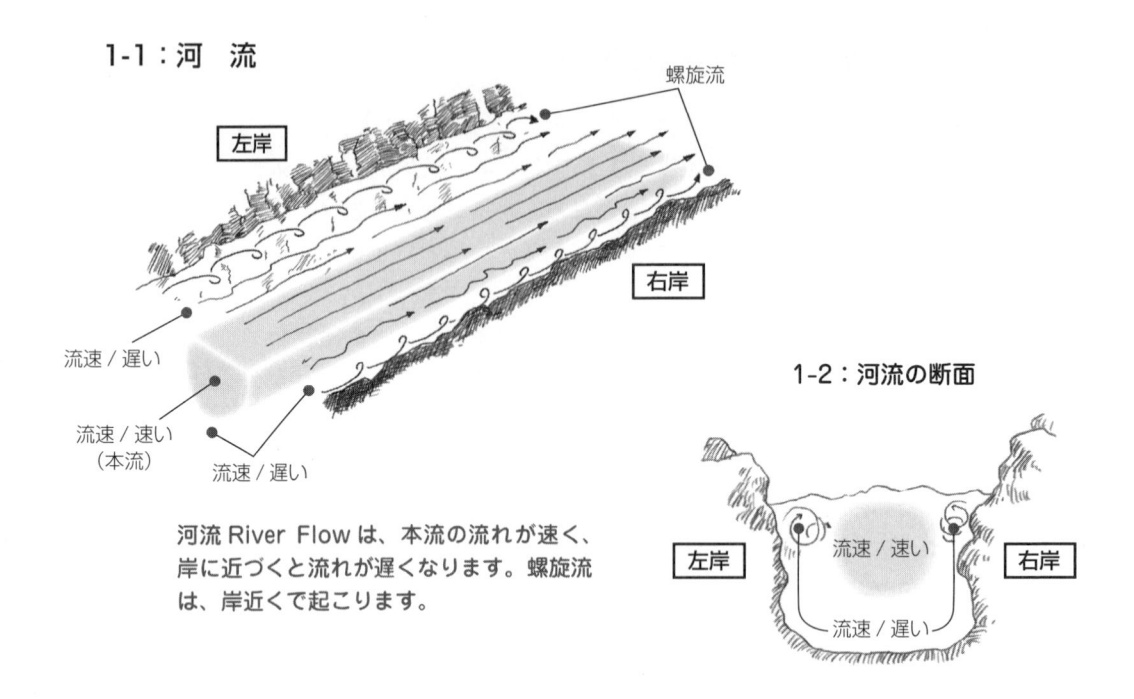

左岸 / 右岸 / 螺旋流
流速 / 遅い
流速 / 速い（本流）
流速 / 遅い

河流 River Flow は、本流の流れが速く、岸に近づくと流れが遅くなります。螺旋流は、岸近くで起こります。

1-2：河流の断面

左岸 / 右岸
流速 / 速い
流速 / 遅い

2-1：早瀬と瀞

右岸 / 左岸

早瀬はラピッド Rapid といい、瀞は深い淵でプール Pool ともいいます。

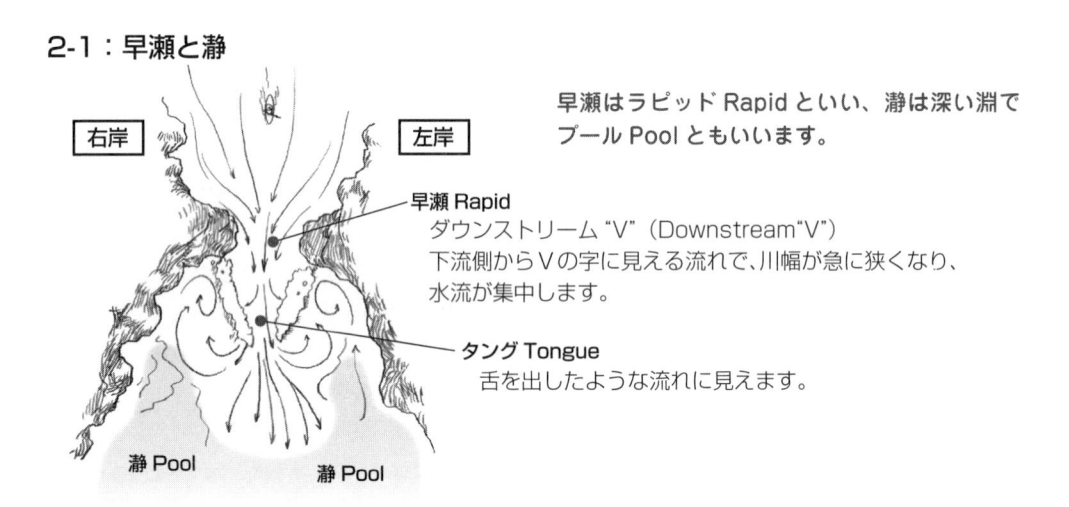

早瀬 Rapid
ダウンストリーム "V"（Downstream "V"）
下流側からＶの字に見える流れで、川幅が急に狭くなり、水流が集中します。

タング Tongue
舌を出したような流れに見えます。

瀞 Pool　瀞 Pool

2-2：アップストリーム

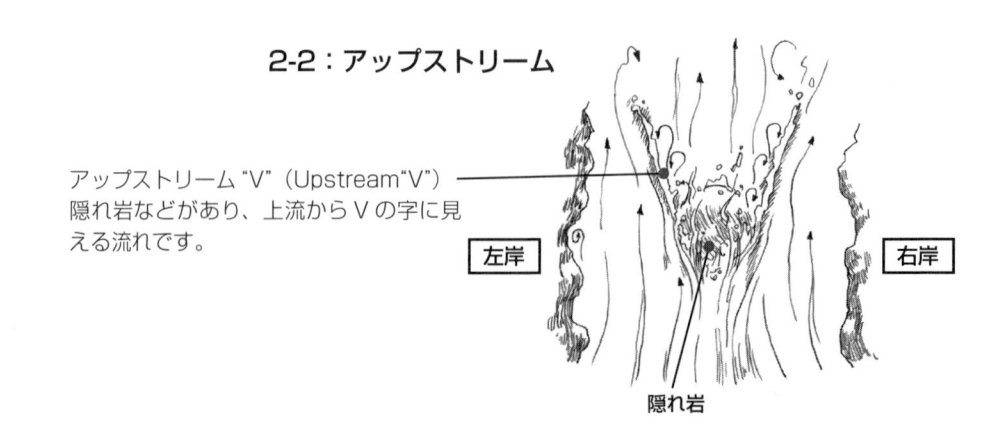

アップストリーム "V"（Upstream "V"）
隠れ岩などがあり、上流からＶの字に見える流れです。

左岸 / 右岸

隠れ岩

3-1：湾曲部

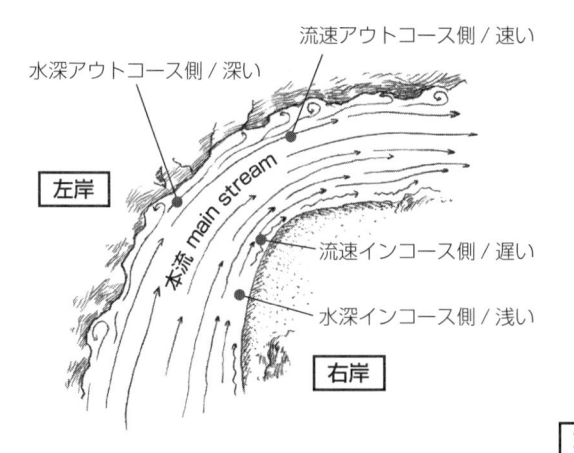

水深アウトコース側 / 深い
流速アウトコース側 / 速い
左岸
本流 main stream
流速インコース側 / 遅い
水深インコース側 / 浅い
右岸

川の湾曲部 Bend では、本流が外側になります。

3-2：湾曲部の断面

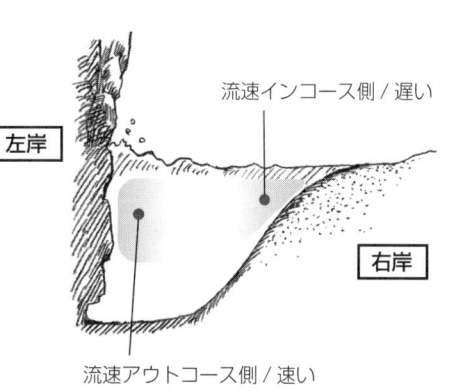

左岸
流速インコース側 / 遅い
右岸
流速アウトコース側 / 速い

4：エディとエディライン

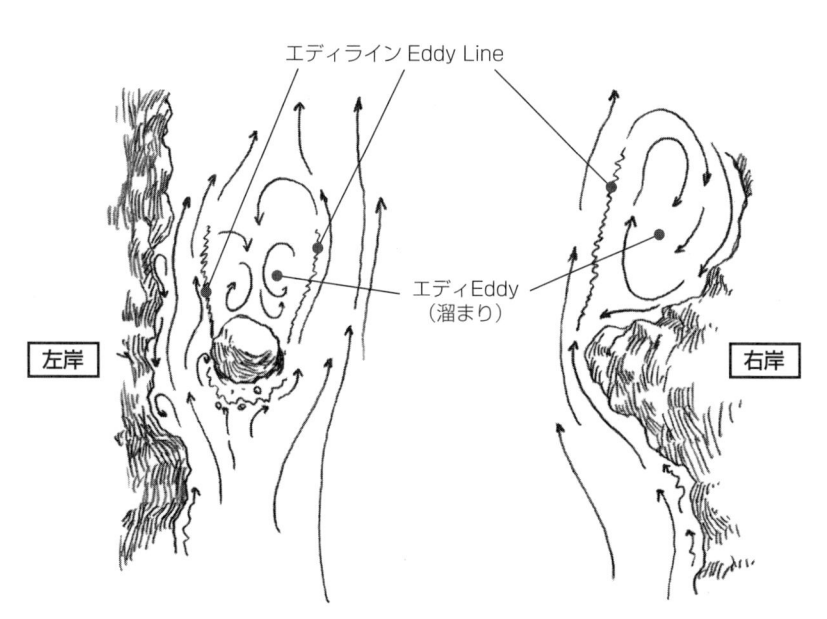

エディライン Eddy Line
エディ Eddy（溜まり）
左岸
右岸

エディ Eddy は、岸の出っ張りや川の中に突き出た岩の下流側にできる渦の流れです。
また、本流とエディの境目をエディライン Eddy Line や流境といいます。
大きくなるとエディフェンス Eddy Fence とも呼ばれます。

5：川波

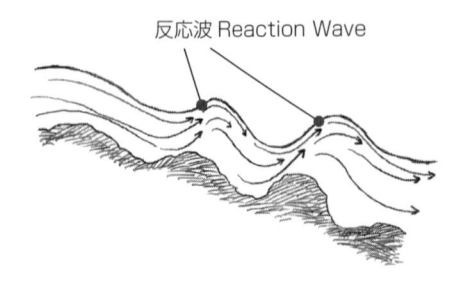

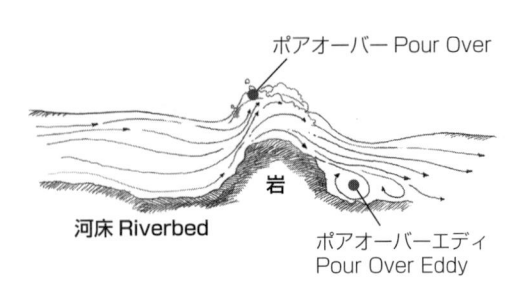

反応波 Reaction Wave

反応波（リアクションウェーブ Reaction Wave）は、川波 River Wave の主な原因で、河床の起伏によってできます。

ポアオーバー Pour Over
河床 Riverbed
ポアオーバーエディ Pour Over Eddy

ポアオーバー Pour Over は、岩を乗り越えてできる波や流れで、ポアオーバーエディ Pour Over Eddy（ポアオーバーの下流側でできる反流）もできます。

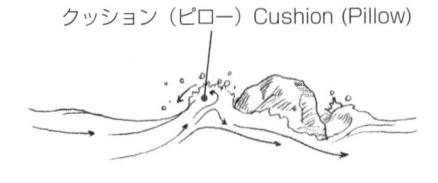

クッション（ピロー）Cushion (Pillow)

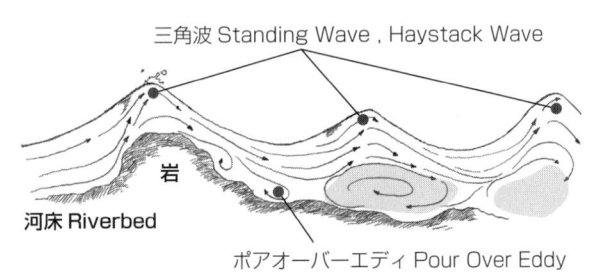

クッション Cushion は、水面に出た岩などに当たった流れが上昇してできる波で、カヌーには緩衝となる波です。小さな緩衝波は枕を意味するピロー Pillow と呼びます。

三角波 Standing Wave , Haystack Wave
岩
河床 Riverbed
ポアオーバーエディ Pour Over Eddy

三角波 Standing Waves は、川波が大きくなると三角波になります、さらに大きくなると大きな干し草の山のような波になりヘイスタック Haystack と呼ばれます。

6：ホール（ストッパー）

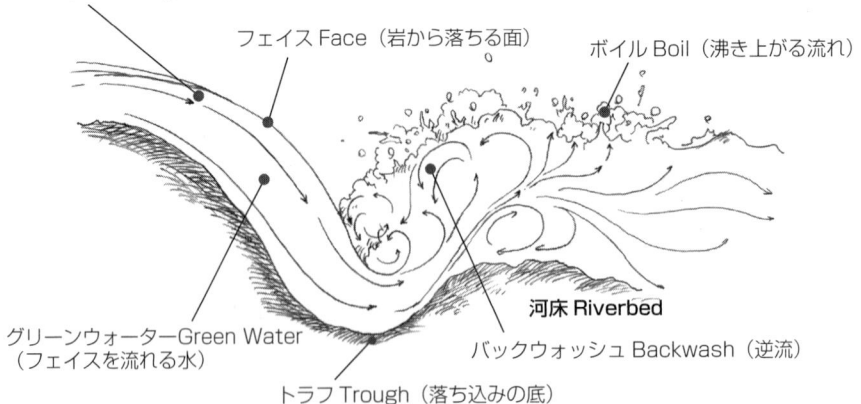

シュート Chute（ドロップに落ちること）
フェイス Face（岩から落ちる面）
ボイル Boil（沸き上がる流れ）
グリーンウォーター Green Water（フェイスを流れる水）
河床 Riverbed
バックウォッシュ Backwash（逆流）
トラフ Trough（落ち込みの底）

ホール Hole は、ポアオーバーした落ち込み（ドロップ Drop）にできる水の穴のことです。高さが概ね5m以上になると滝 Fall（国土地理院）になり、ホールは滝壺となります。カヌーを止めてしまうのでストッパー Stopper ともいいます。

7：ホールの種類

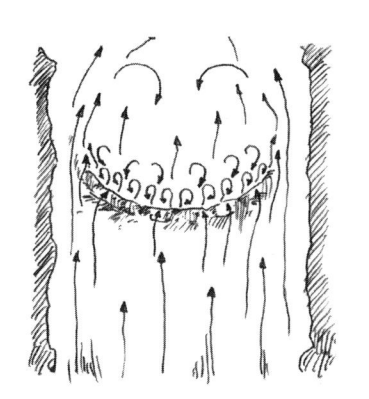

スマイリングホール Smiling Hole
上流側からは笑っているように見え、脱出しやすいホールです。

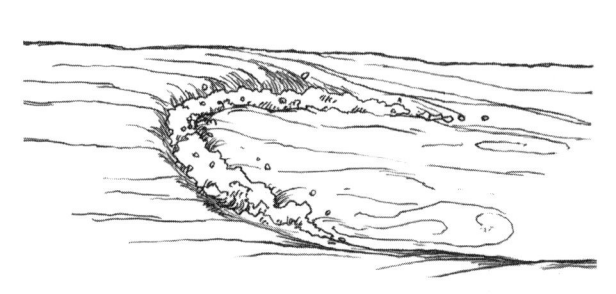

フラウニングホール Frowning Hole
アングリーホール Angry Hole ともいい、上流側からは怒ったように見え、脱出が難しいホールです。

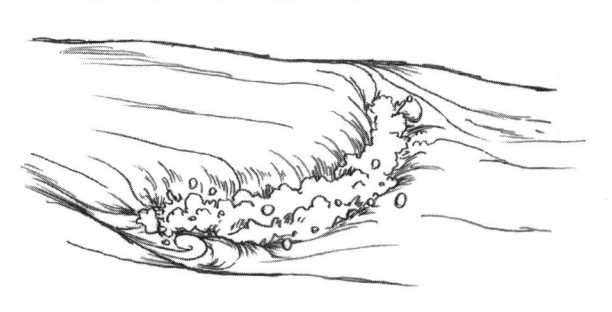

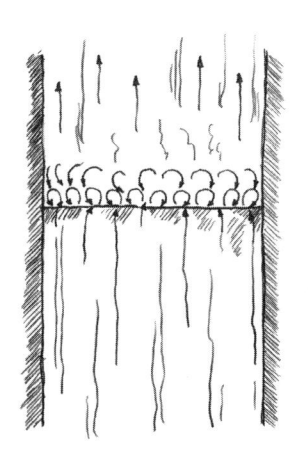

堰堤 Weir
人工物の堰堤が作るホールがもっとも危険なホールです。

● ホールの深さ Hole Depth に関して
　流速が速く、流量が多くなるとホールは深くなります。

8：アンダーカット Under Cut

ピニングロック Pinning Rock

断面

アンダーカット Under Cut

外観　※一例です

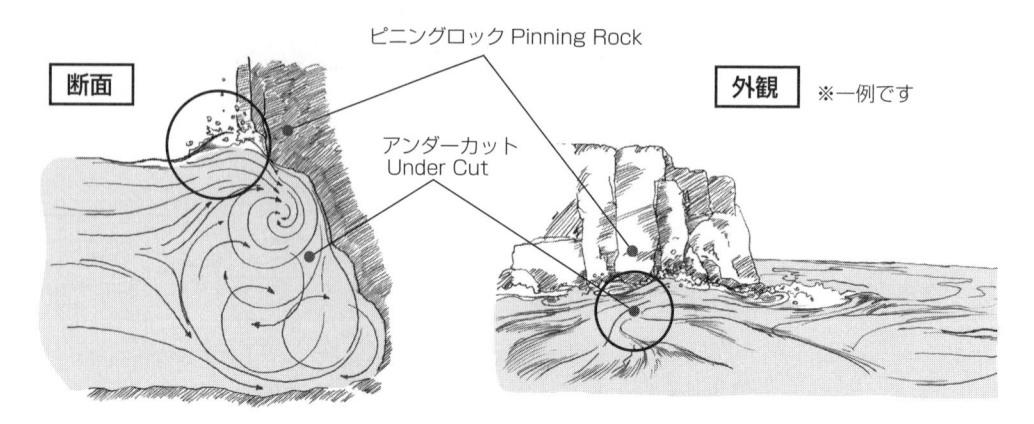

アンダーカットは、川の湾曲部の本流が岩に当たるところなどは、侵食されて水中部がえぐられていることがあります。その部分がアンダーカットで、ピン留めされたような状態になるためピニングロック Pinning Rock ともいいます。水圧で脱出できないことがあります。

9：ルースターテール Rooster Tail

水の流れ

ルースターテール Rooster Tail

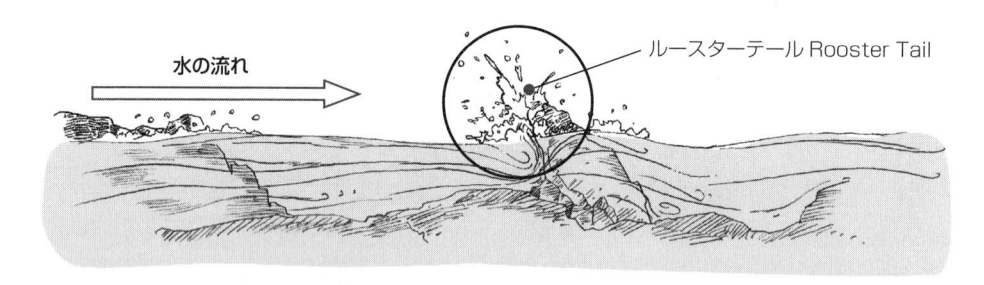

ルースターテールは、狭い川筋などに出現する上流側に尖った岩に水流が当たり、オンドリの尾のような飛沫を上げている状態をいいます。

危険性を表現する用語

* ストレーナー Strainer（ろ過器）、スィヴ Sieve（漉し器）：まるで罠のように漂流してきた物（者）を引っ掛ける状況を作るものです。自然が作った仕掛けもありますが、消波ブロックなどもスィヴの一種になります。
* ラップ Wrap（巻き付ける）、ブローチング Broaching（横波を受ける）：カヌーが横向きになり、岩や橋桁などに張り付いたような状態になることで身動きできなくなる状態のこと。
* フットエントラップメント Foot Entrapment（足の罠）：急流でカヌーから沈脱して流されていく際に、足が水中の岩などの障害物に引っ掛かる場合があります。その障害物に足が引っ掛かり、身動きが取れない状態になることをフットエントラップメントと呼びます。

4-5 流れの等級

　流れの速さ（流速）と強さは、同じ川の同じ地点であっても、流れる水量（流量）によって大きく変化します。つまり、水量の違いによってシニア指導員に求められる技術に差が生まれます。そのため、講習会を実施する際の、水量に関する情報は、その時の川の難易度を想定する材料となります。

　普通、川の水量は上流部の降雨量によって変化します。上流部で雨が降れば水量は多くなり、雨が降っていなければ水量は少なくなります。台風や梅雨などの降水量が多い季節は、通常より流量が多くなり、増水した状態になります。ただ、日本の河川の多くは、ダムで水量が管理されているため、必ずしも上流部の降雨量が川の水量に影響を与えるわけではありません。ダムからの放水は、灌漑や水力発電、河川の維持など、降雨量とは別の判断基準で水量を調節（流量調節）しています。

　講習をする河川の上流部や下流部のダム管理所から発表されるダムへの流入量や貯水量、放水量の情報を得ることで、川の水量がある程度予測でき、難易度の判断に活用できることは多々あります。

　しかし、ダム管理所の情報から川の難易度を判断するには、かなりの経験が必要です。日常的にダム管理所の情報を収集しながら、実際の川の状況を見比べたり、実際に漕いだりしないことには、判断力が身に付かないものです。

　流れの速い早瀬には、その難易度に応じて1〜6級の等級（クラス Class）が付けられます。等級は水量データから決められるわけではなく、ベテランのカヤッカーや指導員などが、自身の経験から等級分けをします。当然ながら、同じ瀬であっても水量によって等級が変化します。

　リバーシニア指導員が講習できる範囲は、2級以上とありますが、4級以上の瀬になると万全なレスキュー体制が必要になるため、実際は3級までの範囲で指導することになります。

　1級の瀬は、障害物がなく、さざ波が立つ程度の流れで、川波の力も小さい瀬です。カヌー初心者でも、余裕をもってカヤックを操ることができる流れです。カヤックに乗ったままで瀬が見通せるため、スカウティング（偵察）の必要はありません。

　2級の瀬と判断する場合は、1メートル程度の波はありますが、障害物がなく、流れの幅もあり、素直に流れる早瀬だということです。障害物がないため、初心者でも快適に下れると判断できる早瀬です。2級でも偵察の必要性は、ほとんどありません。

　3級の瀬になると、波は高くなり障害物が増え、複雑な流れが形成されます。瀬の幅も狭くなり流れも強く、カヤックがラップ Wrap やブローチング Broaching（横向きに張り付く）することも想定されます。安全に通過できるルートを選ぶためには、的確な漕力が要求され、偵察が必要になり、転覆する可能性も高くなります。瀬の下流部には静があり、沈脱しても、その後のレスキューが容易だと判断するのが3級です。

　4級以上と判断する瀬になると、波はさらに高くなり、障害物により非常に複雑な流れが形成されています。高度なレスキュー体制が必要であり、安全に通過できるルートも限られるため、リバーシニア指導員の範疇外になります。

4-6-1 流水（ランニングウォーター）の漕ぎ

　リバーシニアには、流水 Running Water の中を漕ぐ技術が求められますが、使用するリバーカヤックにも流水に対応する特徴があります。そのひとつが、前述したように直進性を高める舟底のキールラインがないことです。回転性を求めるため、舟底の中央部にあるべきキールラインがなく、平坦なフラットボトム Flat Bottom（平底）になっています。この特徴は、流れを活用するための形状だと考えることができます。

　リバーカヤックの曲げ漕ぎは、キールラインのあるカヤックとは逆側に傾け（リーン）ながら行います。キールラインがあるカヤックは、外側に傾けることで、傾けた舷側が舟底となってロッカーが強くなり、傾けた側とは逆方向へ曲がって（外傾曲げ）いきます。しかし、キールラインがないと、傾けた側の面積が増えて抵抗となるため、傾けた側へと曲がります（内傾曲げ）。それがフラットボトムでの曲げ漕ぎ（スゥイープストローク）の特徴です。

　したがって、キールラインのあるカヤックとは身体の動きが逆の動作になるため、シーカヤックなどに慣れている人がリバーカヤックを漕ぐ際は、その点を強く意識する必要があり、その違いをリバーシニアは指導する必要があります。

　また、転覆を防ぐための押え漕ぎ（ブレイス）ですが、河流や速い海の潮流の中では、上流側にブレイスすると押えが効かず転覆してしまいます。これは、海の沿岸で発生する磯波（サーフ Surf）に対処する押え漕ぎ（ブレイス）とは逆の動作となります。磯波に対処する際は、波が向かってくる沖側をブレイスするからです。

　リバーシニアは、流れの中と磯波の中での動作の違いを知っておくことが重要で、海の指導員であるシーシニアも、磯波だけではなく流れでの動作を知っておく必要があります。日本の海では、速い潮流に出会う機会が少ないものですが、流れの中の技術や流れが生み出す波について、シニア指導員は理解しておくべきでしょう。

流水と磯波とでは、同じように波立つ水が白く砕け（ホワイトウォーター）ますが、パドルや身体の対応が変わることを理解しなければなりません。

4-6-2　本流への出入り（ストリームイン&アウト）

　川は常に流れているものですが、エディ（渦流）があるところでは流れが緩やかな状態（渦流でできる水の溜まり）になります。エディの中に入ることで休憩ができ、下流側のスカウティング Scouting（偵察）もできます。エディから本流へ出たり入ったりすることは、リバーランニングの基本です。

　エディから出て本流に入ることは、ストリームイン Stream In、もしくはピールアウト Peel Out と呼びます。ピールとは、果物などの皮をむくといった意味で、本流があたかもナイフで皮をむくような感じになるので、そんな呼び方なのでしょう。インとアウトが逆になる表現です。米語では、自動車を急加速することもピールアウトと呼び、ストリームインすると確かにカヤックが急加速するので、そちらからの引用かもしれません。逆に、本流からエディに入る時は、ストリームアウト Stream Out やピールイン Peel In になります。

　ストリームイン（日本語だと、「本流入り」になるのでしょう）は、エディから上流へ向かって漕ぎ出します。本流に出たら下流側にカヤックを傾けてターンし、流れに乗ります。ターンする際は下流側にブレイス（押え漕ぎ）やバウラダー（おもて舵）を併用するのが普通です。

　エディから本流へ突入する角度は、流れの強さとエディラインの具合によって決まります。上流側へ向かって突入しますが、エディラインを越えるとバウ（舳先）部に流れを受けます。そこでカヤックを下流側に傾けるのは、デッキ部に直接水圧を受けないためで、そうすると自然に方向転換します。ブレイスやバウラダーを使うのは、ブレードで流れを押え、転回のきっかけを作るためです。

　ストリームインの実際の要領ですが、まずエディラインを越えるために前漕ぎで加速をつけます。エディラインでは川底に引き込む渦流も発生しているため、通過する際ブレーキがかかります。カヤックの進入角度は上流方向から 30 〜 45 度傾けます（本流の流速によって角度は変わります）。バウがエディラインを超えた瞬間、側面からの流れを受けます。そのままではエディライン上で下流側へ転回してしまうため、押えるためのブレイスを入れ、流れを逃がすために下流側へリーン（下流側へ）します。カヤックが本流へ出たら曲げ漕ぎ（スウィープ）やバウラダーでバウを下流側へ向け本流のストリームに乗ります。

　逆のストリームアウト（本流からの脱出）は、まずストリームインと同じ要領でエディラインを越えるための加速をします。進入角度は 45 〜 60 度ぐらいが目安です。バウがエディラインを越えた瞬間、エディと本流の流速差によってバウを軸にしてカヤックが転回します。本流側に残っているカヤックの側面に受けている流れがあるからです。エディラインを越えてバランス良くカヤックを転回させるためには、上流側へリーンして転回に加速をつけます。その上で、エディのできるだけ奥側（渦流の上流へ向かう流れが発生しているところ）で上流側にハイブレイスを入れます。すると、パドルを軸にバウが上流へ向くようにターンしていきます。それで、エディへ留まることになります。

4-6-3 フェリーグライド（瀬渡り）

　カヤックによる瀬渡りのことをフェリーグライド Ferry Glide といいます。フェリーとは、船舶が対岸に渡るという意味で、グライドは滑走することです。滑走するように対岸に渡るのがフェリーグライドという技術で、特にカヤックやカヌーの技術として使われます。単にフェリーと呼ぶ場合もあります。

　流れの速い瀬（早瀬）の対岸に渡りたい場合、まっすぐ対岸に向かって進むと、当然ながら流れによって下流に流されてしまいます。そこで、対岸の上流部にカヤックを向け、上流側へ斜めに向かって前進します。

　上流に向かって漕ぎますが、流れの勢いによって速度が相殺され、カヤックは対岸に向かって横移動するように進みます。流速に応じて、下流側にカヤックを傾けながら前漕ぎによって進みます。上流側に傾けてしまうと、デッキに流れを受けてしまい転覆する可能性が高くなります。シーカヤックで潮流が速い時の海峡を渡る場合も、同じようにフェリーグライドで渡ります。

　通常は、カヤックを上流側に向けてフェリーしますが（フロントフェリー Front Ferry）下流側に向かって後ろ漕ぎをしながら瀬渡りすることもあり、その場合はバックフェリー Back Ferry ともいいます。

　フロントフェリーの要領は、まずバウを上流へ向け、適当な角度（対岸に向けて 45 度が基準）を維持しながら漕ぎ上がります。この角度をフェリーアングルと呼びます。エディラインを越えたら、バウが下流側に押されないよう曲げ漕ぎをしてカヤックを上流側に向け、カヤックを下流側に傾けながら前漕ぎを続けます。すると、前進している力と流れの力が相殺され、カヤックはほとんど真横に進み、瀬渡りができます。流れの中では、カヤックを下流側に少し傾けておき、水圧をデッキに受けないよう心がけます。対岸のエディラインを越えたら、反対に傾け（切り返す）エディ内へとカヤックを移動させます。

　フェリーグライドの要点は、PALS と覚えておきます。P はパドリングの調整。A はアングルの調整。L はリーンの調整。S はスピードの調整です。上流に漕ぎ上がるつもりで本流に入り（P パドリング）、流速に合わせてバウを向ける角度を決め（A アングル）、カヤックの傾け方は流速や強さに合わせ（L リーン）、対岸の目標に対し、出来るだけ平行移動できるよう速度を加減（S スピード）するということです。

　フェリーグライドをするには、練習によって本流へ入る角度を経験的に知っておくことが必要です。流れの速さや強さは、常に微妙に変化しており、その変化に対応するには経験しかありません。

　前漕ぎによって、カヤックの向きがどう変化するかを知るには、様々な角度で流れに入ってみることです。流れが強ければ、より上流側へ向け、流れが緩やかであれば、浅い角度でパドリングします。カヤックが上流側へ傾き、デッキが流れを受けてしまわないように意識した練習も必要でしょう。イメージとしては、流れを舟底に当てながら漕ぎ続けるという感じでしょうか。以上が、瀬渡り、フェリーグライドをする要領になります。

ストリームイン&アウト

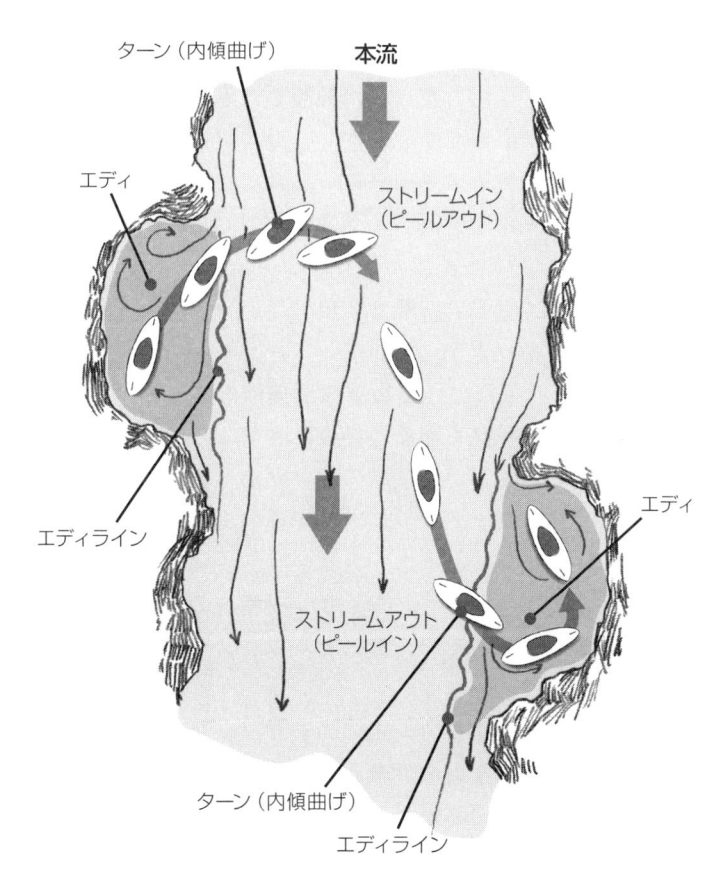

（図：本流、エディ、エディライン、ターン（内傾曲げ）、ストリームイン（ピールアウト）、ストリームアウト（ピールイン））

フェリーグライド

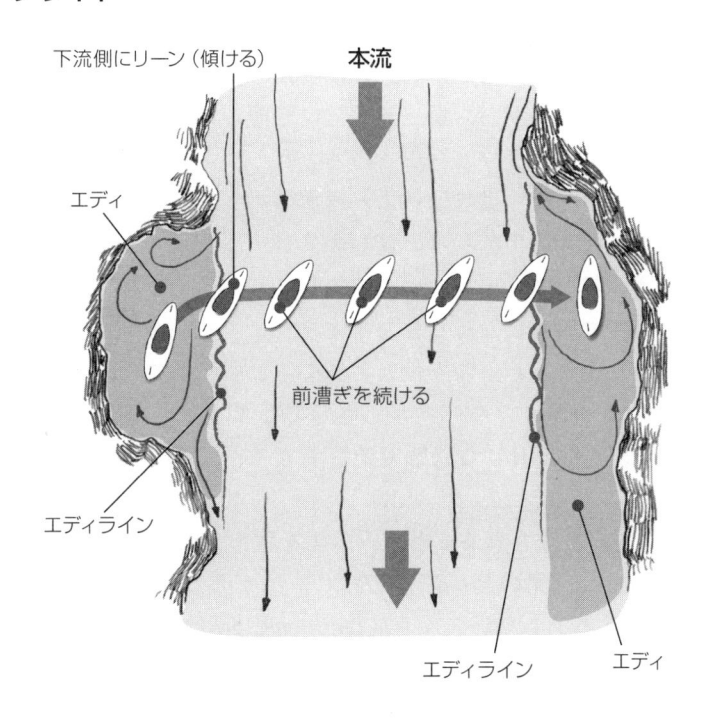

（図：本流、エディ、エディライン、下流側にリーン（傾ける）、前漕ぎを続ける）

4-7-1 流水での自己救援術（セルフレスキュー）

　ジュニア指導員になる段階では、カヤックが転覆した際に、安全に脱出（沈脱）する技術と、それを指導できることが必須です。しかし、シニア指導員を目指すには、転覆後に再びカヤックに乗り込む再乗艇やエスキモーロールができなければなりません。これらの自己救援術（セルフレスキュー）を習得し、受講者に対しての指導法も習得する必要が、リバーシニアにはあります。

　カヌースポーツの意義には、他の人に頼らず自分で自分を救援するという、ある種の哲学を初期段階から学ぶことがあります。セルフレスキューという概念は、震災からの復興を目指す21世紀前半の日本社会にとって重要な価値観を含んでいます。シニア指導員には、そんな社会的意義を伝える役割もあるということです。

　シニア指導員には、河流と沿海という領域の違いがありますから、セルフレスキューのノウハウにも若干の差異が見られます。シニア指導員の指導する範囲が、基本的にカヤックが転覆するような厳しい自然条件にはないとはいえ、受講者の中には、緊張するあまり転覆する人がいることも事実です。また、ツーリング指導の際には、天候が急変することが多々あることを想定すべきです。そのためにセルフレスキューとその指導、実際の救援術は、シニア指導員の必須になるのです。

　では、リバーシニアの指導範囲になる流水でのセルフレスキューについて考えます。流水で沈脱した場合は、人もカヤックも当然流されます。カヤックから出た状態で流されるということは、障害物に激突する可能性があるということです。したがって、リバーシニアの指導には、頭部を保護するためのヘルメットが必需品です。もちろん受講者にもヘルメットを被ってもらいます。リバーカヤック専用の、水抜けや重さが考慮されたヘルメットを用意しておかねばなりません。

　沈脱後は「基本的」にカヤックとパドルを保持しておくことが大切です。カヤックやパドルは、PFDに加えて浮力の補助になる側面もあります。もちろん、2級以上の瀬での保持は難しいこともありますが、1級レベルでは転覆したカヤックを起こし、パドルをコックピットに入れ、バウのグラブループを持ちながら横泳ぎ（伸泳、のし泳ぎ）で岸まで泳ぎます。流水での泳ぎ方は、競技泳法より日本の古式泳法（日本水泳連盟が標準泳法としている）が適しているようで、一考に値します。

　カヤックとパドルが保持できない場合は、流失してしまう可能性もあります。下流の障害物に引っ掛かり、新たな障害になることも考えられます。保持が難しい場合は、カヤックをエディに向けて押し出し、パドルを使って泳ぐこともあるでしょう。

　流れが速く、仕方なくカヤックもパドルも離してしまった場合は、仰向けになり、足先を下流側に向けて水面上に出した状態で流されます。この姿勢をWWFP、ホワイトウォーターフローティングポジション White Water Floating Position と呼びます。要は「安全姿勢」です。足先から流されることで、障害を蹴って避けたり、フットエントラップメント Foot Entrapment（足の罠）に捕らわれたりすることを防ぐ姿勢です。WWFPは守備的な姿勢なのでディフェンシブスイム Difensive Swim とも呼び、積極的に前向きで泳ぐ場合をアグレッシブスイム Aggressive Swim と呼びます。

ホワイトウォーター用ヘルメット。

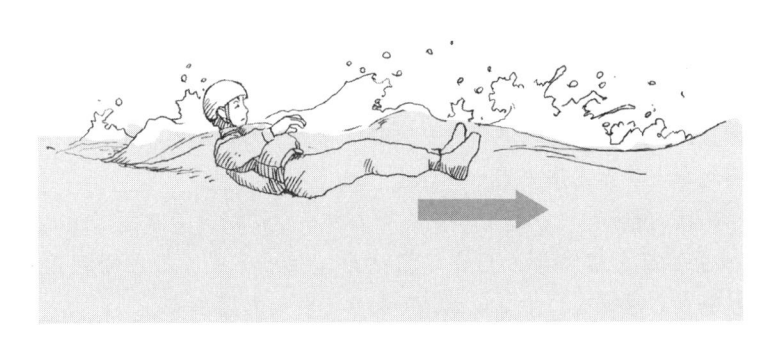

ホワイトウォーターフローティングポジション WWFP。

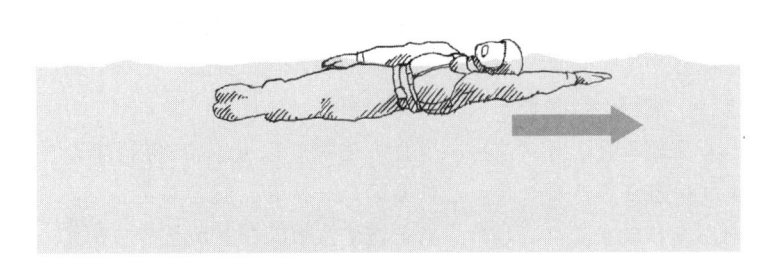

横泳ぎ（伸泳、のし泳ぎ）。

4-7-2　ロール（回転起き）

　シニア指導員になるには、ロール（エスキモーロール Eskimo Roll とも）ができなければなりませんが、リバーシニアの場合は、流水でのロールが求められます。シーシニアは、流れの中での指導がほとんどありませんが、ある程度の波は指導範囲です。

　ロールには様々な方法があり、その解説だけで1冊の本になるほどです。実際に『Eskimo Rolling』（Derek Hutchinson 著、未邦訳）という本もあるほどです。

　元々のエスキモーロールは、海上猟で獲物に曳かれることなどで転覆した際、そこからの回復（リカバリー Recovery）術として生まれたようです。現在は単にロールと呼ぶことが多く、特に転覆を前提にしたホワイトウォーターでのカヤック技術として進化（深化）しました。今やカヤックロールと呼ぶべきかもしれません。

　つまり、不意に転覆した際の回復術というより、積極的に「反転」し、そこから回転して起き上がる技術だということです。もちろん不用意に転覆することもあり、その場合はセルフレスキューになりますが、リバーカヤックの世界では、必要な漕ぎの技術であると理解すべきです。リバーシニアにとってのロールは、漕法のひとつなのです。その点、シーシニアの場合は不意の転覆に備える意味合いが強くなります。こちらは回復術としてのロールということです。

　主にリバーカヤックの世界で進化したロールは、スウィープ Sweep ロールと C to C ロールに大別されています。スウィープロールは、反転した状態でパドルをカヤックに沿って水面に出し、スウィープストローク（曲げ漕ぎ）の要領で水平、上下方向へ同時に半回転しながら起き上がる方法です。

　C to C ロールは、反転した状態でパドルをカヤックに沿って水面に出し、そこから真横へ移動させ、上半身を C の形から逆の C の形に持っていくことで起き上がる方法です。反転した状態から極端なハイブレイスで起き上がるわけです。

　どちらのロールも、水面上にパドルを出すための、水面下での姿勢があります。それをタック（Tuck）と呼びます。タックとは裾をたくし上げるといった意味で、カヤックをたくし上げるように上半身を斜め方向に前屈させます。そうすると、パドルを持つ両手がカヤックの舟底に届き、反転した状態でパドルが水面上に出ます。ロールをする構えのようになるので「セットする」といった呼び方もあります。

　ふたつのロールには、それぞれに長所、短所があります。スウィープロールは、タックからすぐに起き上がる動きに入りますが、捻る動作を覚えるのに時間がかかります。C to C は、動きが理解しやすく覚えやすいのですが、横方向に身体が出るため、岩などで顔面を打つ恐れがあり、実用性はスウィープの方が高いとされています。

　そこで、これらを組み合わせスウィープから途中で C to C へ移行する（スウィープ to C）といったような方法もあります。これらのロールを、総合してショートロール Short Roll と呼ぶ場合もあります。パドルの浮力を増すためにパドルを持ち替え、片方のブレードを持ってロールする方法をロングロール Long Roll と呼ぶため、それに対してのショートロールです。また、確実にロールができることを、実戦的ロールという意味で、コンバットロール Combat Roll と呼ぶこともあるようです。

① 転覆した状態です。

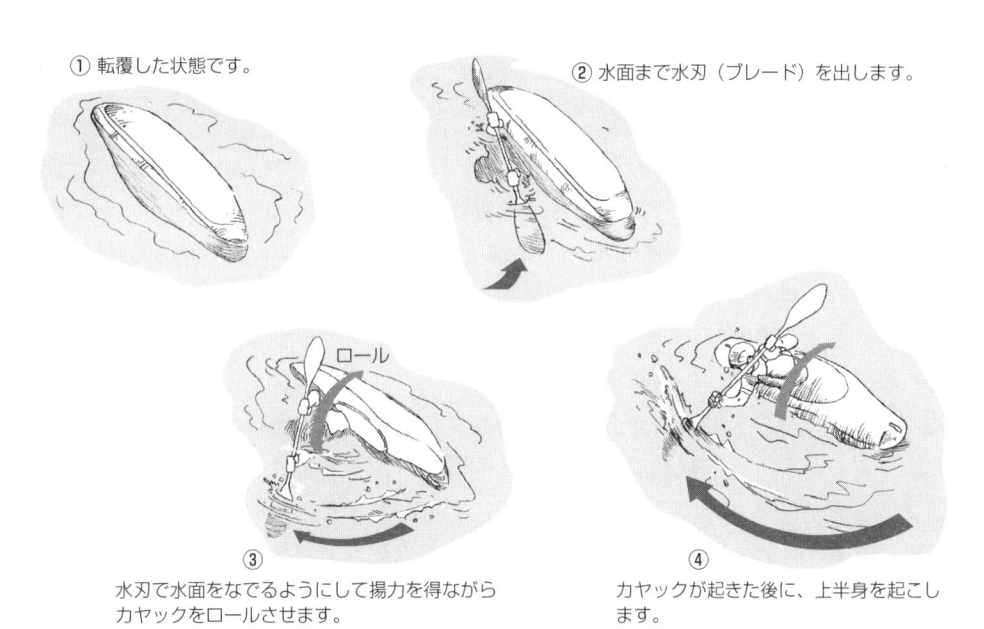

② 水面まで水刃（ブレード）を出します。

③ 水刃で水面をなでるようにして揚力を得ながらカヤックをロールさせます。

④ カヤックが起きた後に、上半身を起こします。

ショートロールは、ショートパウラタロール Short Pawlata Roll と呼ぶこともあります。パウラタロールとは、1927年にオーストリア人のハンス・パウラタ氏 "Edi" Hans W Pawlata（1900〜1966）がヨーロッパに初めてエスキモーロールを伝えた時の方法で、パドルを持ち替えるためロングロールになります。

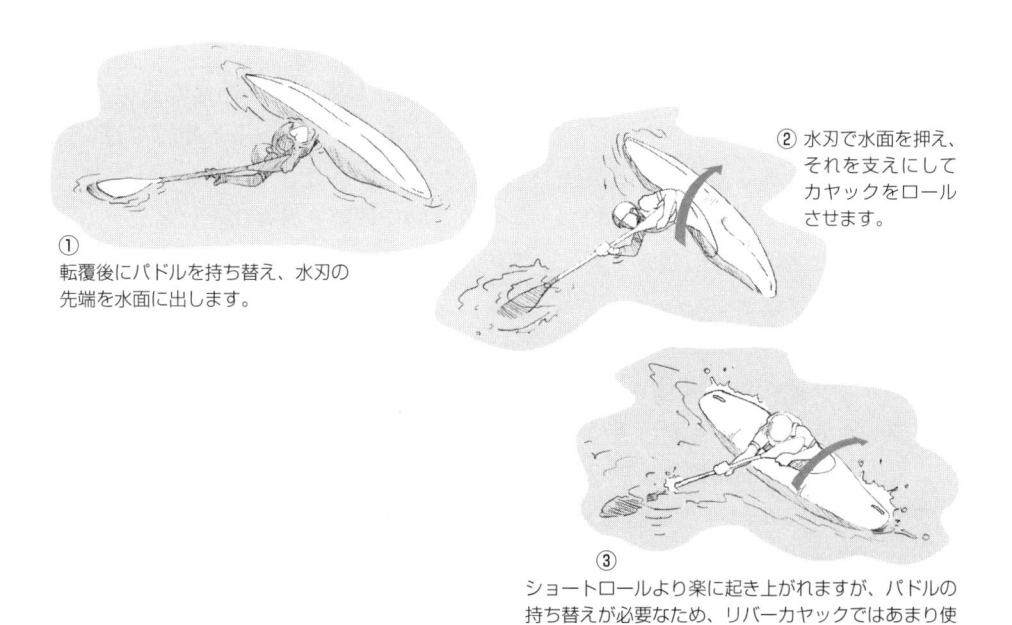

① 転覆後にパドルを持ち替え、水刃の先端を水面に出します。

② 水刃で水面を押え、それを支えにしてカヤックをロールさせます。

③ ショートロールより楽に起き上がれますが、パドルの持ち替えが必要なため、リバーカヤックではあまり使うことのない技術です。積載物によって重量が増えたシーカヤックで使うことが多い方法です。

ロングロールには、ヘッドスタンド The Headstand やプットアクロスロール Put-Across Roll と呼ばれる方法もあります。これらはロールではあるのですが、転覆から回復するブレイス、もしくはサポートストローク Support Stroke（支え漕ぎ）だとも考えられます。

4-7-3　ロールの指導

　ロールをするには、ヒップフリックHip Flick（ヒップスナップHip Snap）と呼ばれる、お尻と膝でカヤックを弾くように回転させる動作が必要です。

　ヒップフリックの練習は、補助役の人に協力してもらいます。流れのない静水に浮かび、横付けされた補助カヤックのバウを両手で持ちます。相手のカヤックが大きな浮力のあるパドルだと考えるわけですが、これ自体もエスキモーバウレスキューと呼ばれ、海上猟に使われていたレスキュー技術です。

　補助カヤックのバウを持ちながら、自分から少しずつ反転状態にしていき、起き上がることを繰り返します。その経過で、腕の力をほとんど使わず起き上がれるようになると、ヒップフリックができていることになります。また、背が立つ浅いところで手を持ってもらいながら練習する方法もあるでしょう。左右どちらからでも起き上がれるようになりましょう。

　ヒップフリックができるようになると、タックの姿勢を覚えます。タックは、反転した状態で水面にパドルを出すのが目的ですが、流れの中では顔面を保護するという意味もあります。頭部はヘルメットで保護されており、PFDを装着することで浮力に加え胸腹部の保護もできていますが、顔面はむき出しです。

　始めは、陸上で模擬練習をしましょう。斜め方向に前屈しますが、右（左）のブレードを使って起き上がる場合は、左（右）斜めに前屈します。次の段階は、浅いところで補助してもらいながら練習します。反転しても、落ち着いてタックができなければなりません。ここでも補助役に起こしてもらいます。

　ヒップフリック、タックができれば、次は身体の動かし方です。動作の違いでC to Cかスウィープになります。いずれも、水をキャッチする側のブレードを視線で追い続けることが重要です。それは、パドルと身体が一緒に動くということで、ブレードはただ支点になるだけです。カヤックが起きる際は、上半身、特に頭部を最後に上げることが大切です。まずは反転せずに身体の動きを覚え、次にパドルを持って動きを連動させます。身体の動きでカヤックは起きるものだと認識します。

　C to Cは、カヤックに沿って水面に出たパドルを、カヤックと直角になる位置まで水平に動かします。その時、身体はファーストC（最初のCの形）になっています。そこからハイブレイスを行いますが、身体とパドルが一緒に動くため、身体はセカンドC（逆のC）になっていき、同時にヒップフリックを使ってカヤックを起こし、最後に頭を戻します。ファーストCの部分から補助をしてもらうといいでしょう。

　スウィープロールは、タックからそのまま水面をスウィープします。バウからスターン（艫）まで続け、視線はブレードの先端を追います。スウィープと同時にヒップフリックを開始し、身体は左の前屈からだと、右デッキへの後傾へ捻っていきます。カヤックが起き上がる際、視線はまだブレードを見ており、最後に頭が上がります。

　自分ができるようになれば、今度は指導する側になります。実際の指導で、自分なりの要領が分かってくるはずです。補助の要領も分かってくるはずで、指導に伴う言葉遣いも的確になっていき、補助役となる人の指導もできるようになるはずです。

4-8-1 リバーレスキュー（流水での補助救援）の基本

　流水の中での転覆に対する基本的な救援方法は、沈脱した「要救援者」に近づき、怪我などがないか確認し、カヤックを起こすことです。転覆したカヤックと距離がある場合は、的確な大きさの声で指示して要救援者に起こしてもらうこともあります。

　要救援者には、WWFP（安全姿勢）を取ってもらい、起こしたカヤックのコックピットにパドルを入れるよう指示するか、救援者が受け取って入れるかします。流れが穏やかになる瀞までWWFPの姿勢でそのまま流れてもらいます。流れの中に障害があれば、避けるよう指示します。

　瀞に入ったら、要救援者にはアグレッシブスイムで膝頭が付く程度の浅瀬まで泳いでもらいます。それより深いところでは立ち上がらないよう指示します。そして救援者は、流されてきたカヤックのバウに、カウテールや牽引ロープをつなげて岸まで曳航します。もしくは、要救援者にも曳航するカヤック（スターン側）につかまってもらい、バタ足で曳航の補助をしてもらいながら、川岸へ向かう場合もあります。

　膝頭が付く程度の浅瀬まで来たら、要救援者に立ち上がってもらい、救援者も上陸し、協力しながらカヤックに入った水を抜きます。

　注意すべきことは、流れの中では決して牽引によるレスキューをしないことです。牽引中に再び流れに入ってしまったら、すかさず牽引ロープをリリースRelease（解放）します。そのため、牽引ロープはクイックリリースできる構造になっています。

　流水の中の牽引は、非常に危険を伴います。浸水したカヤックは非常に重く、牽引する側のカヤックも一緒に流れてしまう可能性が高いからです。当然、牽引する側のカヤックが転覆してしまう可能性もあります。

　また、リバーシニアの装備には、牽引ロープの他にスロウロープThrow Rope（投げロープ）が必要です。流された要救援者を岸から救援するためのロープです。スロウロープには、クライミングに使われている滑落時の衝撃を和らげる伸び率の高いダイナミックロープDynamic Ropeと、伸び率が低いスタティックロープStatick Ropeがあります。もちろんどちらもフローティング（浮く）ロープでなければならず、要救援者に投げて届くよう、スロウバッグ（投げ袋）に収納されています。バッグを投げることでロープが繰り出されていく仕組みです。

　伸びるロープとあまり伸びないロープの使い分けは、厳密には必要でしょうが、滑落のような衝撃に襲われるような場面は、リバーシニアの指導範囲ではほとんどないことですから、一般的に市販されているスロウバッグに入ったロープであれば問題ないでしょう。破断強度も、最低500キログラム以上は確保されているはずです。ロープの長さは、長いもので25メートル程度、太さは10ミリ前後の掴みやすいサイズです。

　スロウバッグを投げるには、当然ながら練習が必要になります。アンダースロウで投げるかオーバースロウで投げるかは、条件によりますが、遠くまで届くのはオーバースロウです。オーバースロウの場合は、ラグビーボールを投げる要領が分かっていると正確さが増します。スロウロープのレスキューは、救援者だけではなく、救援される側にも知識や体験が必要です。指導では両方を経験させることが大事です。

4-8-2 スロウロープレスキューの模擬練習

　カヤックから沈脱しWWFPの姿勢で流されている要救援者に対し、川岸に待機している救援者は、スロウバッグを投げてレスキューします。待機できるのは、転覆して沈脱することを予め予測しているからです。転覆しそうな流れが近づいたと判断したら、上流側で上陸しスカウティング（偵察）をします。どのあたりが転覆しそうかどうかを確認し、待機地点も決めます。待機地点の足元の状況を確認し、ロープに引きずられて川に落ちないよう、下流に向かって踏ん張れるところを選びます。

　要救援者にロープを投げる時は、大声で「ロープ」と叫び、反応を確認した上で投げます。もちろん事前に合図の声掛けすることを伝えておき、応答するよう伝えておきますが、余裕がない場合は目で合図を返す程度でも構わないとも伝えておきます。

　スロウバッグからロープの端を2メートルほど出し、投げる方の手でバッグを持ち、逆の手でロープの端から1.5メートルほどのところを掴み固定点（アンカーポイント Ancor Point）にします。端を持っていると荷重された瞬間に滑ってしまい、離してしまうことがあるからです。ロープの端を足で踏み、第2の固定点にする場合もあります。

　投げる目標は、要救援者の顔の前あたりです。あまり前に投げると要救援者が前かがみになりWWFPを崩す恐れがあるからです。要救援者はロープを受け取りますが、ロープが伸びきると荷重がかかります。救援者は、必ずロープを下から掴み、荷重に備えます。下から両手で掴み、手首を返すとロープがZの形になり、より荷重に耐えられる掴み方になります。この握りをファイアーマンズグリップ Fireman's Grip やZラインと呼びます。上から掴んでしまうと簡単に滑ってしまいます。

　要救援者は、WWFPのまま受け取ったロープを両手で胸の前で掴み、肩口に抱えるようにします。そうすると背面で水圧を受けるので呼吸が確保できます。救援者が左岸にいる場合は、右の肩口で抱えると岸に近づけます。救援者も要救援者も、決してロープを手に巻き付けたり、輪を作って中に手を入れたりしてはいけません。ロープは掴むだけです。

　救援者は、ロープを引き寄せず留める（ビレイ Belay）ことが重要なことです。流れに逆らって引き寄せると、より強い荷重がかかります。荷重を弱めるため、ロープを留めながら岸沿いを下流側に移動することもあります。ロープを振り子のようにして要救援者を岸やエディに寄せる工夫も必要でしょう。ロープビレイには、ボディビレイといって腰に回したり（スタンディングビレイ Standing Belay、シッティングビレイ Sitting Belay）、肩に回したり（オーバーザショルダービレイ Over the Shoulder Belay）して留める方法もあります。しかし、ボディビレイが必要なほど強い流れがある中での練習は、明らかにリバーシニアの指導範囲を超えています。

　ロープ投げに失敗することは多々あり、そのためには素早くロープを回収し、再び投げなければなりません。ロープの端を足で踏み、両手で素早くロープを回収し、バッグの近くを持って再び投げます。もしくは、ロープをコイル Coil（輪にするまとめ方）し、コイルごと投げます。また、最終的にロープをスロウバッグに収納するには、肩口からロープを垂らして収納していくと、割に素早く収納することができます。

4-9-1 ツーリング講習会とは

　シニア指導員は、日帰りのデイツーリングを指導することで、ツーリングの楽しさや意義を受講者に伝えるツーリング講習の指導も求められます。ツーリング講習でのシニアの役割は、ツアーリーダー Tour Leader であるということです。リーダーとは、指導者であり先導者、統率者、指揮者でもあります。

　そもそも、ツーリングとは何でしょうか。日本語では周遊や漫遊、小旅行などと訳されますが、ここでいうツーリングは、目的を決めない漫遊というより、巡り遊ぶ周遊や、小さな旅を意味します。それで気付くのは、前述したように、遊びと旅がツーリングという言葉によって同義語だとはっきりすることです。カヌーツーリングは、カヌー遊びであり、カヌー旅でもあるのです。

　旅は「たぶ」や「たべ」という言葉から派生した言葉だといわれます。「たぶ」は、「賜ぶ」や「給ぶ」であり「賜び給う（たびたまう）」という言葉があります。また、「たぶ」は「食ぶ」や「食べ」でもあります。つまり、賜ることや食べることが、旅の語源のようです。日本の民俗学を確立した柳田國男氏の著作に書かれています。したがって、日本語化しているツーリングにも「たぶ」という言葉が持つ意味合いが含まれることになり「たぶ」という言葉を自分なりに理解した上で指導することが求められるのではないでしょうか。

　具体的には、自然や人から何かを賜ることであり、実際に何かを食べたり（食事）、ツーリング自体が食べる手段（仕事）であったりするという事実です。シニア自身が、ツーリングを通して自分の人生にとって何か大きなものを賜っていると感じていることや、なぜこんな仕事をしているかという根源的なことが、言葉ではなく講習中の行動によって伝われば、ツーリング講習会の意義が達成されます。

　つまり、受講者が講習会を終えた時、自分でもツーリングをしようと思い始めるよう手引き（ガイド Guide）をするのがシニア指導員の役割といえそうです。とはいえ、ツーリング講習は商業カヌーツアーではなく、あくまでも講習です。シニアは指導員であり、ツアーガイドではないのです。そのあたりの線引きが難しいことは確かです。

　以上のような前提が、ツーリング講習にはあります。決められたツーリングコースを安全に漕破するだけではなく、その先にある旅の奥深さを伝えることです。そのためには、シニア自身や仲間と個人的なツーリングを経験する時間が必要でしょう。

　シニアになってからは、川や海を旅するという経験が、さらに求められます。シニアになるのは、旅のベテランになるためのきっかけなのかもしれません。つまるところ、カヌー指導員というのは、「旅」という言葉の概念を、具体的に伝える存在だといえます。

　カヌースクールとしてではなく、ベテランの指導員が商業カヌーツアーを実施することも、現実にはあることです。それは JRCA の公認カヌースクールとは別の活動になります。カヌースクールでの指導経験を積み上げることで、ツアーガイドという別の領域を仕事にしていく場合もありますが、その違いは、はっきり区別すべきもので、注意が必要です。

4-9-2 ツーリング講習の心得

　では、実際のツーリング講習指導にあたって、シニア指導員に求められることは何でしょうか。安全管理や運行規定については、カヌースクールの運営規程がありますから、それに沿って指導することになります。しかし、実際のツーリングは、自然が相手ですから、常に臨機応変な対応が求められます。

　まず大事なのは、集団のツーリングであるということです。指導員、受講者を含め、全員がそれぞれのカヤックの、いわば船長ですから、自分のカヤックに責任を持つことが求められます。このことは、体験講習や指導講習でも繰り返し伝えるべきことで、経験が少ない受講者であっても船長であることを自覚してもらうことが、ツーリング講習では、特に重要です。

　その上で、フォーメーション Formation を組みます。フォーメーションというのは、隊形や陣形、編隊のことで、ツーリング講習は隊列を組んで行うものです。指導員と受講者の人数の比率は、レシオやガイドレシオ Guide Retio などともいい、カヌースクールの運営規程に定められているはずで、そのレシオを基準に隊列を作ります。つまり、ツーリング講習はカヤック隊で行うということです。ツアーリーダーである指導員は隊長であり、受講者が隊員だと考えれば、行動の基準が分かりやすくなります。指導員が複数名いれば、隊長以外は班長になり、受講者はそれぞれの班員です。

　リバーツーリングの場合、ガイドレシオは指導員2名に対し受講者を5名程度にすることが基準でしょうか。指導員の目が届く範囲は、それほど広いものではありません。もちろん、個人差があるでしょうから、それぞれのカヌースクールで判断すべきことです。ツーリング当日の自然条件によってもレシオは変化します。

　指導員が4名いれば、受講者は10名程度となるのが基準のレシオですが、指導員が多くなると、レシオも変化するのが現実です。指導員が4名いれば、16名程度の受講者にも対応できるようです。指導員は隊長1名、班長3名となります。そうなるとカヤックの総計が16艇＋4艇で20艇のカヤック隊になるわけです。また、カヤック隊は、カヤックチームと呼び変えてもいいかもしれません。するとツーリングにはチームワークが必要だと分かります。

　チームワークは、共同作業や協力態勢のことですが、チームを構成する全員がそれぞれの役割を担います。そして、チームの全員に創造性と積極性があれば、多少条件が厳しくても、安全でなおかつ楽しいツーリングになるはずです。ツーリングは、チームワークによって作り上げるものだということを認識することが重要です。

　チームの創造性は、リーダーシップのもと、目的を共有し、人的資源を活用するために、それぞれが役割を自覚し、能動的に意思決定がなされた上で一致協力するといった要素で成り立ちます。また、チームの積極性は、お互いに尊敬と信頼があり、そのためのコミュニケーションがあれば、自然に仲間意識が生まれ、多様性も尊重できるようになり、その上で建設的で楽観的な気持ちが生まれれば成り立つようです。

　かなり複雑で難しい表現ですが、ツーリング講習を上手く達成するためには、チームワークによってツーリングを作り上げるものだと心得ましょう。

4-9-3 フォーメーションと役割

　ツーリング講習では、カヤックのフォーメーションが重要ですから、具体的に考えてみましょう。シニア指導員が2名とジュニア指導員が2名、受講者が12名とします。受講者は予め3班に分けておきます。

　まず、先導役として先頭（フロント Front）を漕ぐシニア指導員がいます。コースを熟知している人です。続く受講者が4名います。それが第1班です。第2班と第3班は、ジュニア指導員が率います（ミドル Middle）。受講者4名が続き、最後尾（スウィーパー Sweeper）にシニア指導員がいます。スウィーパーとは、掃除人という意味ですが、最後尾で救援者を兼ねるという意味合いもあります。ツアーリーダーは、スウィーパーのシニアである場合と、フロントの場合もあります。

　F ①②③④ M ⑤⑥⑦⑧ M ⑨⑩⑪⑫ S という隊列です。川幅が狭い場合は、1列縦隊になるでしょうが、ある程度の川幅があれば、各班が固まりとなって進みます。声が届く範囲にいるというのが、固まりの目安でしょうか。

　これが、海になると（シーカヤッキング）、各班を横一列にします。集団のシーカヤッキングは、隊列がすぐに拡がり分散してしまうからです。その原因は、小さな波であっても、そのかわし方でそれぞれのカヤックの動きが変化するからです。16艇の集団だと、あっという間に500メートルぐらい拡がってしまい、声が届かなくなります。

　そこで各班の横並び位置も決めます。左から1番、2番といった具合です。全体のフォーメーションは、フロントに続く横一列の第1班は、横の班員を確認しながら進み、続く第2班と第3班は、ミドルを中心に横一列となり、前の班と横の班員を確認しながら進みます。スウィーパーは、後ろから全艇を確認しながら進むというのが、海での大まかなフォーメーションとなります。

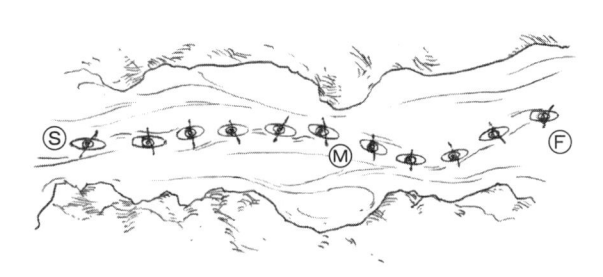

川でのフォーメーション例。

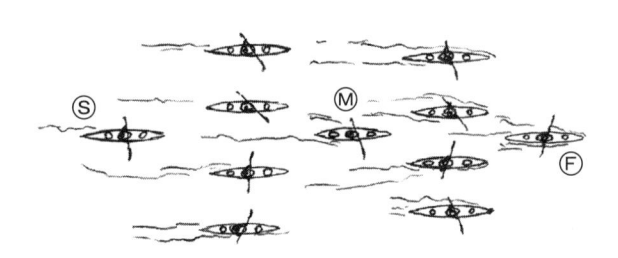

海でのフォーメーション例。
あまりないことですが、海のツーリングで受講者数が30名以上の規模になると、パドリングによる水流やシーカヤックの引き波が、フォーメーションの特に最後列に影響を与えることがあります。最後列は、流れや波が抵抗となり、速度がどんどん落ちていく場合があります。

4-9-4　コミュニケーションについて

　ツーリング中のカヤックチームは、常にコミュニケーションができる態勢でなければなりません。それには、コミュニケーション手段が整っている必要があります。ここでいうコミュニケーションとは、意思や感情、思考、それに情報の伝達でもあり、チームワークを円滑にする言葉や音、身振り（手振り）のことです。音や身振りは、シグナルやサイン（信号や合図）です。

　言葉は、声が聞こえる範囲であれば問題ないですが、聞こえない時はホイッスル（警笛）の音の出し方によって行います。そこで、ホイッスルの吹き方に意味を持たせ、チーム全員が理解できるようにしておきます。

　手振りは、パドルを持っているため、パドルを使ったサインか、基本的には片手のサインしか使えません。そんな制約の中で、サインを考えましょう。

　リバーツーリングでは、周りの川面にチーム以外の船がいることは少ないため、サイン（リバーサイン）はチーム内のサインとして通用します。しかし、海になるとカヤックチーム以外にも周囲に船舶がいることも多く、チーム内のサインが誤解されて外に伝わってしまうことがあります。特に手振りのサインは、意味の取り違いが起こる可能性があり、迷惑をかけることがあるので注意深さが必要です。

　また、指導員同士でのコミュニケーションは、普段から慣れ親しむことができるため、多少は複雑になっても理解できるでしょうが、受講者はその場で初めて覚えなければならないため、複雑なサインを使うことはできません。

　以下の表は、リバーツーリングで使うホイッスルシグナルの一例（リバーサイン）です。これを参考に、それぞれのカヌースクールで決めておきましょう。

ホイッスルの音	呼び方	特　徴	意　味
ピッ	アテンション（注意）	短音を1回	注意しましょう
ピー	ストップ（止まれ）	長音を1回	止まりましょう
ピッピッ	ゴーアップ（上流へ）	短音を2回	上流に向かう行動
ピッピッピッ	ゴーダウン（下流へ）	短音を3回	下流へ向かう行動
ピーピーピー	エマージェンシー（緊急）	長音を3回	緊急事態が発生

　指導員の装備に関しては、これまで日中での指導が前提でしたので、暗くなった際のことについて言及はしていませんでした。しかし、ツーリング講習では夕暮れを過ぎ、暗くなる可能性があることを想定しなければなりません。そこで、フラッシュライトFlashlight（懐中電灯）の用意が必要になります。フラッシュライトも、コミュニケーションの手段であることは、忘れてはならないことです。

　カヤック用のフラッシュライトには、当然ながら防水性が求められます。両手が使えるには、ヘッドランプと呼ばれる頭に固定して使うタイプを用意しておきます。受講者の分を用意するのは難しいかもしれませんので、各自で用意してもらうよう、事前に案内しておきます。また、指導員のPFDには、位置を教えるストロボライト（点滅ライト）を装備する場合もあります。やはり、暗くなった際に使用します。

About Senior Instructor

第4章 シニア指導員について

◎ パドルサインの参考例

　パドルを使ったサイン（合図や号令）の一例を示しておきます。片手だけでできる簡単なものですが、この程度だと受講者にも分かりやすいと思います。パドルサインに加え、ホイッスルを使えばなお有効でしょう。このサイン以外に、独自のサインを決める場合もあるでしょうが、基本サインとしては、以下のものに統一したいと思います。

● 進め！ Go、集合！ Fall in………「ピッピッ」もしくは「ピッピッピッ」

パドルを垂直に立てます。停止した状態から進み始める時の合図です。カヌーが離れ離れになってしまった時は、集合の合図としても使えるでしょう。パドルが立っていれば、ある程度の距離があっても視認しやすいはずです。

● 止まれ！ Stop………「ピー」

パドルを頭上に上げて横にします。片手では辛い時は両手で持ってもいいでしょう。受講生から見えるように意識することが大事です。ホイッスル音と併用すれば、かなり有効だと思います。

149

● SOS（遭難信号）………「ピーピーピー」

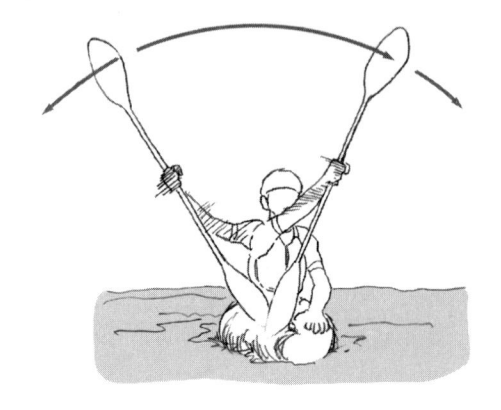

SOS は、遭難を意味するモールス信号のことです。モールス信号では「・・・―――・・・（短音3回・長音3回・短音3回）」で、無線電話では「メーデー Mayday」を連呼します。パドルサインとしては、遭難信号というより転覆以外の救援要請になるのでしょうか。ただし、このサインは手を振って挨拶しているように思われることもあるので注意が必要です。

● OK（了解）

頭の頂点に、片手で輪を作るような感じでしょうか。少しおどけた感じに見えますが、声が届かない時などには有効なサインです。受講者から返事をしてもらうこと徹底させたい時などは、このサインを伝えることで、返事の重要性がスムーズに伝わると思います。

● 指導員同士のサイン

基本サイン以外にも、各カヌースクール内の指導員同士でサインを決める場合もあるでしょう。このイラストは、「指導員集合」のサイン例です。これ以外にも「スピードを上げよ」、「スピードを下げよ」、「右へ」、「左へ」、「私」、「あなた」などのサインがあるといいかもしれません。工夫してみましょう。

● フラッシュライト

ヘッドランプ

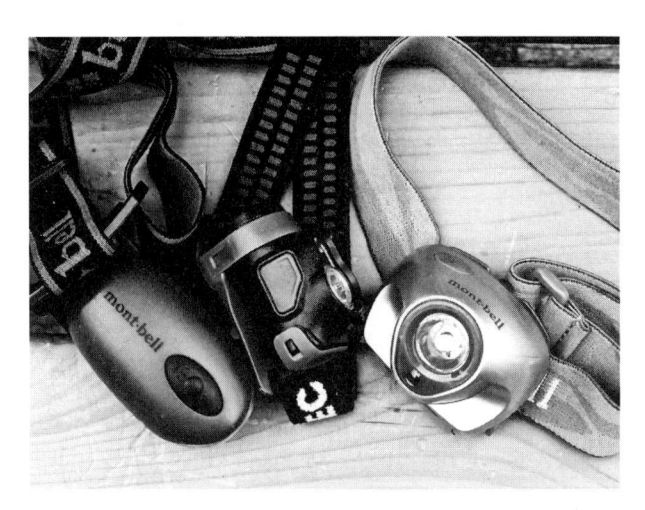

夏に行われる講習会は、夏至（6月21日頃）を中心に昼の時間が長いため、暗くなる前に終わることが普通でしょうが、冬は（冬至は12月22日頃）昼の時間が短いため、暗くなってしまう可能性があります。日本列島は南北に長いのですが、意外と東西にも長く、日の入りの時刻は、地方によってかなり差があります。例えば、冬至の頃の首都圏の日の入りは、午後4時半ぐらいですが、九州西岸では50分ほど遅く（午後5時20分ぐらい）に日の入りとなります。日の出は、首都圏が6時50分頃で、九州西岸では7時20分頃と30分ほどの差があります。そのため、特に冬期の講習会では、ヘッドランプを忘れず携行しましょう。

ストロボライト

ヘッドランプにも点滅機能があるものもありますが、カヌー用の小型防水ストロボライトもあります。緊急用の赤色灯ですが、暗くなった際の目印として活用することが多いものです。赤色の防水点滅ライトは、需要の多いアメリカ製が多く、日本製にはなかなか見当たりませんが、自転車用のものが代用できるようです。

4-10 シニアからマスター、イグザミナーへ

　シニア指導員、特にリバーシニアに関する知識や指導法について解説してきましたが、すべてが網羅されているわけではありません。なぜなら文章だけでは伝えきれない要素が多分にあるからです。
　カヌースポーツの世界は、水圏という環境でのスポーツですから、人知が及ばない世界での活動です。それは文章ですべてが表現できないという世界でもあります。また、科学的な部分もありますが、科学ではすべてが説明できない世界に足を踏み入れる芸術的な活動でもあります。
　カヌー指導員として、経験を積み上げていくことは重要なことですが、経験が役に立たない状況に陥ることもあるはずです。とはいえ、経験が物を言う世界でもあります。この相反するような、ある種の矛盾を抱えながら、カヌースポーツという活動は行われています。
　シニア段階の指導員になるというのは、実は本格的なカヌー指導員としての始まりでもあります。シニアまでがカヌースポーツの基礎だということです。基礎を学び、さらにシニアとしての経験を積み上げていくことで、周囲から認められますが、それには時間がかかるでしょう。経験を積み上げるためには、所属するカヌースクールも存続していなければなりません。
　そのためには、指導員にも経営（マネージメント）が求められますから、学ぶべき要素は非常に多いのです。ツーリング講習のガイドレシオの設定にしても、カヌースクールの経営と直結しています。指導員が増えると、それだけ経費も増えるからです。受け入れる受講者が増えれば、装備を揃え、維持するためにも経費が増えます。カヌー指導員は、教育者であると同時に経営者である場合が多いのも現実です。
　しかし、2011年の東日本大震災によって、日本社会は確実に変化しています。戦後の価値観どころか、明治維新の価値観まで変革させるような、大きな出来事です。しかも、今の人類社会は環境問題を解決すべき方向へと舵を切りつつあります。地球環境が、人類の活動によって悪化していると考える人は、すでに多数派となった感があります。
　東日本大震災からの復興、そして環境問題の解決のために、水圏という環境からの視点は、非常に重要なものとなりつつあります。カヌー指導員は、その先駆けとなるべき存在かもしれません。21世紀初頭は、世界的にカヌーの愛好家が増大している時代です。それは、決して日本だけの現象ではないということです。
　また、確実にカヌーが教育の教材として使われるようになっています。カヌーは、アウトドア活動であり、アウトドアは環境ですから、カヌー教育は環境教育です。そして、環境教育は冒険教育であり、エコロジー教育でもあります。こういった概念が、これからの日本には必要であり、英語圏ではすでに気付いているからこそ、カヌー愛好家が人類史上もっとも増えている時代となっているようです。
　リバーシニアからリバーマスター。シーシニアからシーマスター、そしてイグザミナーが増えることは、これからの日本の国策にしていかなければなりません。そのために、本書が生まれたともいえます。

4-11 カヌースポーツ指導に関する参考書について

　本書は、日本カヌー連盟の公認カヌースクールで使用されることを前提として作られていますが、ジュニア指導員とリバーシニアに関しての解説を中心にしています。シーシニアに関しては『シーカヤック教書』（海文堂、内田正洋著）を併用してください。シーシニアの検定講習会では、2冊の教科書を使います。

　また、本書は文章が多く、写真もモノクロであるため、ビジュアル（視覚的）が不足していることは否めません。そこで、JRCAの公認テキストとして出版されている『カヌー＆カヤック入門』（山と溪谷社、辰野勇著）も使用してください。こちらはカラーで、ビジュアルも分かりやすく、カヌースポーツの全般が理解できるようになっています。

　日本の出版界は、長らく続く出版不況によって低迷しており、今やカヌーに関する本は、ほとんどありません。バブル全盛の時代は、数多くのカヌー本がありましたが、すでに古本として入手するしかありません。

　一方、北米大陸ではカヌー本が数多く出版されており、カヌー専用地図まで出版されています。その規模は日本では考えられないほど大きいものです。アメリカ、カナダのカヌー人口は5000万人以上といわれ、合計3億4700万人ほどの人口のうちの5000万人ですから、7人にひとりがカヌーをやっている計算になります。

　日本はというと1億2700万人ほどで、同じ比率だと1800万人です。釣り人口が1000万人ほどですから、その倍近い数字になります。北米では、カヌー文化がしっかり根付き、北米文化の一端を確実に支えています。環境問題の解決に熱心な国柄も、そういう背景があるからでしょう。こういう事情を知ると、日本でもカヌー人口が増える余地が充分にあることが考えられます。

カヌー＆カヤック入門とシーカヤック教書。

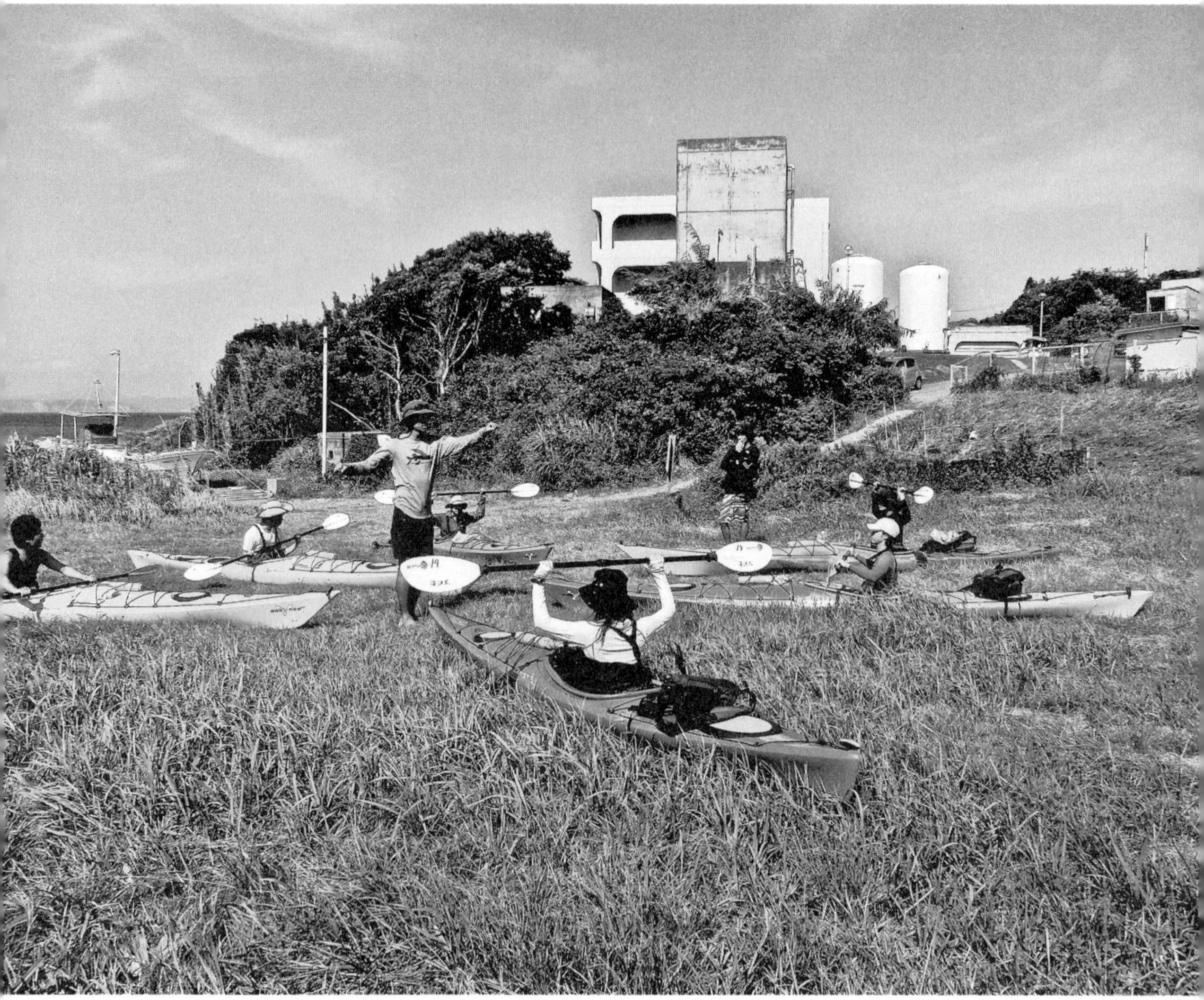

あとがき

　本書は、2010年に企画され、当初は2011年中に出版される予定でした。しかし、作業が始まってすぐの2011年3月11日、大地震と大津波によって、日本はとてつもない国難に陥ってしまいました。

　カヌースポーツを取り巻く状況も、大震災によって確実に変化すると思われ、内容に関してもより熟考すべきことがあるだろうと考えたため、本書の制作は遅々として進みませんでした。初版が出版されたのは2013年のことです。そして、第2版がようやく生まれようとしています。

　現在（2019年）の日本におけるカヌー人口は、統計としてはありませんが、カヌー経験があるというレベルであれば、かなり増加していると考えられます。今や、めっきり減ってしまった漁業従事者に匹敵する程度は、いるような気がします。ちなみに漁業従事者は、震災前で20万人ほどでした。世界遺産になった富士山に登る人が年間40万人といわれますから、カヌー人口もあながち間違いではない数字だと思います。

　これまでカヌー人口が増えなかった理由は、カヌースポーツの意義が、日本ではほとんど語られてこなかったことが要因かもしれません。しかし、震災を経験した日本には、本書で論じたカヌースポーツの意義こそが重要だという気がしてなりません。この意義が国民に理解されていくことで、復興した日本にはカヌースポーツという新たな価値観が根付いていることを期待しています。

　日本列島を環境（アウトドア）の側から知ることで、本来の日本人の生き方を思い出し、自然と今の文明が思っても見なかった形で共生できる道筋が、カヌースポーツの世界から見えてくるはずだと、心から思っています。

　1980年代には、カヌースポーツがブームになったこともありますから、これから地に足がついたような、地道で堅実な普及活動が進められれば、意外に近い将来、日本でもカヌースポーツのさらなる隆盛が見られるかもしれません。

　また、北米を始め、特に英語圏でのカヌースポーツの文化的な動きは、南太平洋での大型帆走カヌーによる航海へと進展しており、2011年にはニュージーランド（アオテアロア）で建造された7艘もの帆走カヌーが、ポリネシアの島々から北米大陸沿岸を経由し、さらに東太平洋を周回する航海を敢行しています。

　2007年に、ハワイからミクロネシアを経て日本列島へ航海した帆走カヌーの「ホクレア号」も、2014年から2017年にかけて世界周航の旅をすでに終えています。20世紀にはすっかり姿を消していた太平洋の古代カヌー文化が、20世紀の終わり頃から甦ってきたことは、環境問題の根底を理解するための動きだと考えられます。日本列島も同じ太平洋の島ですから、そのカヌー文化は日本にもすでに影響を与え始めています。カヌーによる文化復興（ルネッサンス）は、これからの日本の復興にカヌー文化が寄与することも示唆しているようです。カヌー指導員は、まさにカヌーによる文化復興の担い手としてもっとも活躍する存在になっていくことでしょう。カヌースポーツを通じて自然という環境を学び、

その学びを社会に還元し、次世代の日本人を育てていく使命がカヌー指導員にあることは、間違いありません。
　カヌー指導員の資格は、公的なものであることを自覚し、環境教育の中心的な存在だという誇りを持って、活動していただくことを祈念します。

参考文献

『コロンブス提督伝』エルナンド・コロン著　朝日新聞社
『古代日本の航海術』茂在寅男著　小学館ライブラリー
『大航海時代叢書Ⅰ航海の記録』岩波書店
『黒潮圏の考古学』小田静夫著　南島文化叢書
『QUJAQ』David W. Zimmerly 著　Alaska State Museum
『A Thousand Miles in the Rob Roy Canoe on Twenty Lakes and Rivers of Europe』J. MacGregor 著
　　　Dixon-Price Publishing
『Canoeing Handbook』Ray Rowe 編　British Canoe Union
『F. ベアト写真集2』横浜開港資料館編　明石書店
『打瀬船』　知多市民俗資料館編
『Alone At Sea』Dr. Hannes Lindemann 著　Pollner Verlag
『バイダルカ BAIDARKA The Kayak』ジョージ・B. ダイソン George B Dyson 著　情報センター出版局
『NATIONAL GEOGRAFHIC 1967 Sep.』
『日本の川を旅する』野田知佑著　新潮文庫
『シーカヤッキング　Sea Kayaking』ジョン・ダウド John Dowd 著　山と渓谷社
『エコロジーの誕生』ロバート・クラーク著　新評論
『沈黙の春』レイチェル・カーソン著　新潮文庫
『日本文化における環境と心身　心身健康科学第8巻』中山和久著　日本心身健康科学会
『瀬戸内の民俗誌』沖浦和光著　岩波新書
『文明の衝突 THE CLASH OF CIVILIZATION AND THE REMAIKING OF WORLD ORDER』
　　　サミュエル・P. ハンチントン Samuel P. Huntington 著　集英社
『海と列島文化10 海から見た日本文化』小学館
『タオ』加島祥造　ちくま文庫
『新訳・茶の本』岡倉天心著　角川ソフィア文庫
『SEA Kayaker　1号〜4号』枻出版社
『シーカヤックオールカタログ』枻出版社
『シーカヤッキング・イン・ジャパン』内田正洋著　CBSソニー出版
『シーカヤッカーズ・ハンドブック』内田正洋著　マリン企画
『ザ・シーカヤッキング・マニュアル』枻出版社
『登山の医学 MEDICINE for MOUNTAINEERING』J.A. ウィルカーソン James A WILKERSON 著
　　東京新聞出版局
『水圏環境教育の理論と実践』佐々木剛著　成山堂
『JRC 蘇生ガイドライン 2010』日本蘇生協議会、日本救急医療財団著　へるす出版
『Eskimo Rolling』Derek C. Hutchinson 著　Globe Pequot
『シーカヤック教書』内田正洋著　海文堂
『カヌー＆カヤック入門』辰野勇著　山と渓谷社

[執　筆]　内田 正洋（JRCA 理事）

[編集部会]　山内 基久（JRCA 理事）

[イラスト]　山口　律（モンベル広報部）

ISBN978-4-303-46810-1

カヌースポーツ基礎

| 2013年10月10日　初 版 発 行 | ⓒ 2013　Japan Recreational |
| 2019年 4 月25日　2 版 発 行 | Canoe Association |

編　者　日本レクリエーショナルカヌー協会
発行者　岡田雄希
発行所　海文堂出版株式会社
　　　　本　社　東京都文京区水道 2-5-4（〒112-0005）
　　　　　　　　電話 03（3815）3291㈹　FAX 03（3815）3953
　　　　　　　　http://www.kaibundo.jp/
　　　　支　社　神戸市中央区元町通 3-5-10（〒650-0022）
　　　　日本書籍出版協会会員・工学書協会会員・自然科学書協会会員

検印省略

PRINTED IN JAPAN　　　印刷　ディグ／製本　ブロケード

JCOPY ＜(社) 出版者著作権管理機構 委託出版物＞
本書の無断複写は著作権法上での例外を除き禁じられています。複写される場合は、そのつど事前に、(社) 出版者著作権管理機構（電話 03-3513-6969、FAX 03-3513-6979、e-mail: info@jcopy.or.jp）の許諾を得てください。

四半世紀の間、シーカヤックを漕ぎ
海の視点から日本を見つめてきた
海洋ジャーナリスト・内田正洋による
未来への展望が込められたシーカヤック論！

シーカヤック教書

【日本レクリエーショナルカヌー協会（JRCA）公認テキスト】

内田 正洋（うちだ・まさひろ）

海洋ジャーナリスト
海上保安庁海の安全推進アドバイザー
日本レクリエーショナルカヌー協会理事
大学講師

1956年長崎県大村市生まれ。日本大学水産学科にて遠洋漁業学を専攻、カッター部に所属。82年よりパリ・ダカールに8回出場。87年から日本のシーカヤック界を牽引してきた。91年、92年と台湾から東京湾までの海域をシーカヤックで漕破。98年にハワイの古代式カヌー「ホクレア」に出会い、以後その世界観を日本に紹介。07年のハワイから日本への航海ではサポートクルーを務めた。2016年より海上保安庁海の安全推進アドバイザー。

序文より抜粋

── シーカヤックが日本にやって来たことで、もっと重要な役割を持ち始めています。この小さな舟は、その大きさとは反比例するかのように、これからの時代に大きな役割を持とうとしています。それは世界の中でも特に日本社会に対する役割です。その役割とは何なのか、それを感じて頂けるよう、本書を書き進めたいと思っています。

● 豊富なイラストと写真でわかりやすく解説 ●

第1章	シーカヤック文化論	概念と歴史から、現在の状況ととりまく環境
第2章	シーカヤック装備論	種類や仕組み、さまざまな装備品や道具
第3章	シーカヤック漕法論	パドリングと救援行動の技術
第4章	シーカヤック航法論	航海計画から、海での行動や航海術
第5章	シーカヤック領域論	北海道沿岸、本州南・東・北西岸、瀬戸内海、九州沿岸
第6章	シーカヤック天気論	海象・気象といった自然現象の変化
第7章	シーカヤック生存論	危機回避や応急処置など、生存と生活

A5判・180頁　定価（本体1,400円+税）　ISBN978-4-303-46800-2

海文堂出版　http://www.kaibundo.jp/